La
PRÁCTICA DIVINA
de los
NÚMEROS
ANGÉLICOS

Título original: The Divine Practice of Angel Numbers: Raise Your Vibration with the Archangels
Traducido del inglés por Francesc Prims Terradas
Diseño de portada: Editorial Sirio, S.A.
Maquetación: Toñi F. Castellón
Figura de la página 39 de Mary Ann Zapalac

© de la edición original
  2021 de Leeza Robertson

  Publicado por Llewellyn Publications
  Woodbury, MN 55125 USA
  www.llewellyn.com

© de la presente edición
  EDITORIAL SIRIO, S.A.
  C/ Rosa de los Vientos, 64
  Pol. Ind. El Viso
  29006-Málaga
  España

www.editorialsirio.com
sirio@editorialsirio.com

I.S.B.N.: 978-84-19105-27-1
Depósito Legal: MA-1328-2022

Impreso en Imagraf Impresores, S. A.
c/ Nabucco, 14 D - Pol. Alameda
29006 - Málaga

Impreso en España

Puedes seguirnos en Facebook, Twitter, YouTube e Instagram.

 El papel utilizado para la impresión de este libro está **libre de cloro** elemental (ECF) y su procedencia está certificada por una entidad independiente, no gubernamental, que promueve la sostenibilidad de los bosques.

LEEZA ROBERTSON

La PRÁCTICA DIVINA *de los* NÚMEROS ANGÉLICOS

ELEVA TU VIBRACIÓN CON LAS ENSEÑANZAS DE LOS ARCÁNGELES

Editorial SIRIO

Este libro es para todos aquellos que miran hacia abajo y no encuentran nada más que un reguero de plumas para orientarse en su camino.

ÍNDICE

Nota de los editores: Por razones prácticas, se ha utilizado el género masculino en la traducción del libro. La prioridad al traducir ha sido que la lectora y el lector reciban la información de la manera más clara y directa posible. Incorporar la forma femenina habría resultado más una interferencia que una ayuda. La cuestión de los géneros es un inconveniente serio de nuestro idioma que confiamos en que, más pronto que tarde, se resuelva.

INTRODUCCIÓN

¿Alguna vez has oído el chiste sobre la mujer que entra en su cocina y se encuentra con doce arcángeles preparando sándwiches? Bueno, yo tampoco, porque no fue un chiste, y esa mujer era yo. Recuerdo esa mañana de primavera de 2009 como si fuese ayer. Después de meditar y llevar a cabo un trabajo de sanación con un cliente, entré en mi cocina y vi a doce ángeles haciendo sándwiches. El arcángel Uriel levantó la mirada, sonrió, saludó con la mano y dijo: «¡Hola!». Acto seguido, continuó haciendo su sándwich. En el momento en que me encontré con esa pandilla en la cocina, pensé que se trataba de intrusos. No tenían alas ni ninguna otra característica que indicara que fuesen ángeles; tampoco eran transparentes. Parecían gente normal y corriente. Por lo tanto, comencé a gritar y a buscar algo que pudiese usar como arma. Pero Uriel tenía en la mano el más afilado de mis cuchillos. Entonces vi sus auras, luminosas y brillantes. Me callé y regresé a mi habitación. Permanecí ahí, sentada, un par de minutos, y volví a la cocina. No había nadie. Se habían ido todos, o eso pensé, hasta que Uriel me tocó el hombro y dijo: «Deberíamos hablar».

Ese día pensé que finalmente había perdido la cabeza y había caído en un mundo ilusorio para escapar de todo el dolor que me había negado a procesar en mi vida. Llevaba más de veinte años estudiando la mente y usando el psicoanálisis, por lo que decidí que si me iba a volver loca, lo mínimo que podía hacer era documentarlo y ver qué sucedía cuando mi cerebro se dividía en dos. Sin embargo, desde un nivel de frivolidad perversa, estaba bastante emocionada. Por desgracia, mi burbuja se rompió demasiado pronto. Resulta que no estaba perdiendo la noción de la realidad, lo cual, para ser honesta, hizo que lo que sucedió a continuación, y en los siguientes cuatro meses, fuera más difícil de manejar. De todos modos, no estaba equivocada en cuanto a que necesitaba afrontar mi dolor, y uno de esos doce ángeles estaba a punto de llevarme al infierno y de regreso, una y otra vez, hasta que lidiase con ese dolor reprimido. Ese ángel era el arcángel Uriel.

Comencé a trabajar con Uriel mucho antes de esta encarnación física, pero él ha estado aquí conmigo, durante esta vida, a cada paso del camino. Ha estado aquí desde mi traumático nacimiento hasta la primera vez que rocé la muerte, a los cinco años; a lo largo de mi primer matrimonio, que fue abusivo, e incluso montó guardia junto a mí cuando me desmayé borracha en un callejón de uno de los barrios de mi ciudad natal (Melbourne, Australia). Uriel ha estado conmigo en todas las situaciones, incluidos los momentos en que di a luz a mis tres hijos. Debo decir, con toda sinceridad, que él es la razón por la que sigo entera. Siempre que recibía un envite, me sostenía, me quitaba el polvo y me volvía a poner amorosamente en pie. A pesar de que he pasado buena parte de esta encarnación en particular ajena a su presencia, él se ha mantenido a mi lado, me ha cubierto las espaldas y no ha dejado de levantarme. Esto es amor en su forma más pura y divina. Él soy yo y yo soy él; nuestras energías están conectadas, me guste o no, y a veces no me gusta. Pero esto también está bien, porque a él no le importa, no se queja ni se ofende. Siempre está ahí; hace que sea muy difícil ignorarlo.

Creo que es importante señalar que los ángeles no tienen un género *per se*; de hecho, ni siquiera son físicos. Aunque se manifiestan físicamente a veces, son energía vibratoria o aspectos de la energía de la Fuente. Acuden de una manera que tiene sentido para nosotros o que sintoniza de un modo más coherente con la forma en que nos armonizamos con su energía vibratoria. Esta es la razón por la que Uriel se me presenta como una energía masculina. Él es la energía masculina más dominante en mi vida; aparece como hombre, lo siento hombre y todo lo que me ofrece es amor masculino. Pero no todo el mundo sentirá las vibraciones de Uriel de la misma manera. De hecho, ninguno de nosotros siente a los ángeles de la misma forma, nunca. Este es uno de los aspectos más interesantes del trabajo con la energía que hemos llamado «angélica»: todos tenemos relaciones muy singulares con ella. Lo que creemos, la forma en que vemos el mundo, el lugar en que nacimos y el tipo de prácticas espirituales que realizamos influye en la manera en que nos conectamos con los ángeles. No digo esto para confundirte ni para dar a entender que tus creencias están equivocadas. Solo estoy abriendo la puerta para aquellos que aún tienen que construir una relación fuerte, segura y estable con la energía que llamamos ángeles. Si ya estás trabajando con los ángeles y te sientes bien con la forma en que los ves, con cómo te sientes y con el modo en que interactúas con ellos, ¡fabuloso, sigue así! En cambio, si todo esto es nuevo para ti, todo lo que te pido es que permanezcas abierto. Permite que los ángeles se presenten de la manera más afín a ti. No te preocupes si esta manera no concuerda con lo que dicen los libros sobre ángeles, incluido este. Mantente receptivo y permite que los ángeles te guíen.

Uriel ha sido mi ángel de entrada en muchos aspectos. Con esto quiero decir que empecé con él y luego, poco a poco, comencé a trabajar con otros ángeles. Es posible que esta haya sido también tu experiencia. Tal vez te sentiste más atraído o atraída por un ángel que por los demás y, a través de él, pasaste a explorar con qué otros podrías trabajar. El ángel por el que experimentes la mayor atracción, o al que veas una y otra vez, es tu ángel de entrada. Los ángeles son tus guías hacia la nueva energía que está presente en el planeta, la cual llaman *energía de la ascensión*. Esta energía ha ido acumulando fuerza desde que entramos en la era de Acuario. Expresado en pocas palabras, la energía de la ascensión es un nuevo nivel de conciencia. Es el impulso que nos dan los ángeles para que todos despertemos, entremos en nuestro ser divino y comencemos a vivir la vida desde una perspectiva nueva, expandida, en lugar de mantener el limitado punto de vista egoico por el que nos hemos regido durante la era de Piscis. Estar dispuestos a caminar con los ángeles en el viaje de la ascensión no solo nos beneficiará a cada uno de nosotros como individuos, sino que también será bueno para el planeta y toda la humanidad.

Qué vas a encontrar en esta obra

El material que contiene este libro es solo una de las muchas formas en que los ángeles te enseñarán a ser consciente de su presencia y de sus lecciones para la ascensión. Es una manera de hacer que abran la puerta y se adentren en nuestra vida con suavidad y poco a poco. Se podría decir que nos permite conocerlos sin tener que comprometernos con ningún ángel en particular. Por la forma en que está concebido, este libro te permitirá ser más consciente de la manera en que la energía angélica se muestra en tu vida diaria; también voy a presentarte varios ángeles. Hay un total de trece en este libro, y todos ellos están asociados a sensaciones diferentes, tienen mensajes distintos y pueden compartir con nosotros lecciones y orientaciones de cierto tipo si se lo permitimos.

Estos son los ángeles que vas a conocer en este libro y las lecciones relativas a la ascensión que quieren impartirte:

- **Arcángel Metatrón:** infinitas posibilidades están presentes ahora en tu vida.
- **Arcángel Miguel:** atrévete a liderar en una nueva era.
- **Arcángel Jofiel:** incorpora la energía de las llamas gemelas para que tus relaciones sean más profundas.

- **Arcángel Haniel**: permite que tu corazón sea la música de tus oídos.
- **Arcángel Samael**: deshazte de las gafas de las limitaciones del ego.
- **Arcángel Uriel**: suelta y confía en el cambio.
- **Arcángel Ariel**: ámate a ti mismo como nosotros te amamos.
- **Arcángel Raziel**: lo desconocido es tu guía; confía en ello.
- **Arcángel Raguel**: estás en la frecuencia de la abundancia divina.
- **Arcángel Rafael**: la energía sanadora te rodea.
- **Arcángel Gabriel**: eres uno con todo.
- **Arcángel Sandalfón**: pide un deseo; el universo está escuchando.
- **Arcángel Zadquiel**: usa la gratitud para expandirte hacia la ascensión.

Cada una de estas energías angélicas se ha alineado con un conjunto de números, y lo han hecho ellas mismas; yo no les dije que lo hicieran. Solo les pregunté qué lección querían enseñar; a partir de ahí se ubicaron. También les pregunté cómo querían usar los números, según lo que fuera más útil. Por este motivo, verás que nos hemos centrado principalmente en combinaciones de tres números dígitos. No soy la primera persona que ha usado tres dígitos en relación con los ángeles, y estoy bastante segura de que no seré la última. No puedo hablar sobre cómo han obtenido sus números los demás, pero los arcángeles y yo hemos usado la numerología como guía para este libro, sobre todo porque yo personalmente empleo la numerología como parte de mi práctica espiritual. Es un sistema numérico con el que estoy familiarizada y que estoy estudiando desde 2007. De todos modos, no necesitas saber numerología para trabajar con los números de este libro. Solo queríamos ponerte en contexto en cuanto a la existencia de estos números para nuestro trabajo conjunto, sobre todo porque algunos pueden representar una lección que normalmente no se asocia con ellos. Piensa en el 666. Sé que muchas personas tienen ciertas creencias en torno a este número, ninguna de las cuales coincidirá con lo que exponemos en este libro. Esto se debe a que nosotros (los ángeles y yo) usamos la numerología para descodificar los mensajes. En numerología, los seises significan algo específico, y aquí amplificamos esta energía en el capítulo dedicado al 666.

No encontrarás todas las combinaciones numéricas en este libro, pero sí las más beneficiosas para ti, tu vida y tu capacidad de mantenerte en sintonía con la energía angélica de la ascensión.

Estos son los principales números en los que los ángeles quieren que te concentres:

- **000**: todo es posible en este momento; solo tienes que hacer girar mi cubo y ver qué portales de posibilidades abre.
- **111**: es hora de que des un paso al frente, depongas tus resistencias y pases a asumir un liderazgo centrado en el corazón en una o más áreas de tu vida.

- **222**: el arcángel Jofiel te rodea con sus alas mientras te insufla la energía de las llamas gemelas, que es sanadora.
- **333**: el lenguaje del corazón es mucho más divertido que la mayoría de las palabras que oyes con tus oídos. Escucha los latidos, sigue el ritmo y baila hasta conseguir vibrar de una forma que te haga sentir mejor.
- **444**: el ego está constantemente enfocado en lo que no tiene o en lo que se le puede quitar, y esto limita tu visión; te impide ver las bendiciones divinas que te rodean.
- **555**: el cambio es la única constante que habrá en tu experiencia física, así que hazte amigo suyo e invítalo a entrar.
- **666**: el mejor regalo que puedes hacerte es amarte, porque cuando te amas a ti mismo, le muestras al resto del mundo cómo amarte también.
- **777**: cuando te abres a lo que no sabes, encuentras más elementos con los que enriquecer y expandir tu vida.
- **888**: permanece en la corriente divina y comprende que la ley de la abundancia en el mundo físico empieza contigo.
- **999**: ahora mismo vibras en la frecuencia de la energía sanadora. Relájate, respira y deja que la sanación te inunde.
- **1010**: aprende la ley de la totalidad y comprende cuál es tu lugar en la matriz universal.

- **1111**: vives en un universo amigable que quiere hacer realidad todos tus deseos. Así que pide un deseo, confía en que ha sido escuchado y ten la certeza de que está regresando a ti de la manera más perfecta y divina.
- **1212**: la gratitud cambia nuestra energía y nos armoniza con las frecuencias de la abundancia. Cuantas más cosas valoramos (apreciamos), más nos manifestamos desde un espacio de conciencia ascendida.

Cómo usar este libro

Esto es lo que vas a encontrar en cada uno de los capítulos dedicados a los números angélicos:

- Un breve mensaje del ángel, formulado como una afirmación.
- Un mensaje más profundo sobre el número en sí.
- Un apartado dedicado al ángel que se ofreció a compartir información contigo sobre la energía vinculada a ese número y dedicado, también, a la forma en que trabaja con esa energía para ayudarte.
- Una meditación ofrecida por el ángel, basada en la visualización.
- Instrucciones acerca de cómo preparar un altar para el ángel.
- Una oración para conectar con el ángel e indicaciones encaminadas a hacer aún más profunda la conexión con él por medio de la escritura automática.

- Instrucciones acerca de incorporar la energía del número y del ángel en un cristal.* Se indicará un cristal y se explicará cómo hay que proceder para introducir esa energía en él, para que esté contigo siempre que lo lleves encima.
- Cada capítulo contiene también mensajes relativos a números adicionales. Estos mensajes se suman a la energía del número principal y permiten un diálogo y una asistencia mayores por parte del ángel con el que se está trabajando en el capítulo. Estos números provienen de los ángeles mismos, no de mí; de todos modos, hemos vuelto a basarnos en la numerología básica para determinar los mensajes correspondientes.

Cada capítulo está concebido como una lección independiente completa en relación con el número y su ángel correspondiente. Esto significa que no tienes que leer este libro de principio a fin, sino que puedes abrirlo por cualquier página y utilizarlo como una herramienta de adivinación. Voy a poner un ejemplo. Sostén el libro cerca del corazón y respira profundamente unas cuantas veces, permitiéndote relajarte en el momento, y deja que el trabajo con la respiración te conecte con él. Ahora pregunta: «¿A qué ángel le gustaría que yo fuera consciente de su presencia hoy?», y abre el libro. La página que verás corresponde al ángel que quiere compartir tu día contigo. El número al que está conectado ese ángel será el

---

* N. del T.: En esta obra, siguiendo el original inglés, no se establece una distinción entre *cristal* y *piedra*; ambos se usan como sinónimos.

que deberás buscar a lo largo del día como señal de que el ángel está cerca. Lee el mensaje y el apartado dedicado al significado profundo, y a continuación deja el libro de lado.* Prosigue con tus actividades diarias prestando atención, para advertir cómo y cuándo hace sentir su presencia el ángel.

Otra forma de utilizar este libro consiste en pasar unos días tomando nota de los números que veas. Limítate a apuntarlos; no indagues sobre el significado más profundo todavía. Al cabo de tres o cuatro días, comprueba qué número o números has visto más. Ahora, ve al capítulo correspondiente y mira qué ángel ha estado tratando de llamar tu atención. Lee el mensaje que ha querido compartir contigo y profundiza en la energía que ha estado sintonizando. Lleva un diario con la información que recopiles, imbuye de esa energía el cristal que llevarás en el bolsillo y termina con la meditación, que fomenta la conexión. También puedes limitarte a hacer los ejercicios centrados en la oración y de tipo devocional si prefieres los rituales.

Este libro profundiza en los números y en los significados y te pone en sintonía con determinados ángeles, por lo que puedes llegar tan lejos como quieras con este trabajo, por más que sea simple. Lo mejor de este libro es que no tienes que esperar a ver los números que contiene para usarlos intencionadamente, sino que puedes utilizarlos siempre que quieras. Tal vez desees trabajar con uno

---

* N. del T.: A continuación del apartado mencionado sigue, en cada capítulo, el apartado dedicado al ángel en sí, que puede ser interesante leer para obtener un oráculo más completo (si se usa esta obra como oráculo).

de los ángeles del libro; entonces, acude a ese capítulo y avanza por los distintos apartados. Puedes detenerte en un capítulo dado todo el tiempo que desees. ¿Quieres trabajar con el arcángel Haniel? Ve al capítulo cuatro, aprende sus números, familiarízate con sus señales, lleva encima el cristal correspondiente cada día y sumérgete en su energía mientras sientas que debes hacerlo. Esta es la práctica, el trabajo, la oración viva que es tu vida en realidad. A medida que pases tiempo con cada uno de los ángeles y trabajes con los números que te proporcionan, también crearás tu propia historia en relación con los ángeles. Una experiencia de primera mano; una historia que será personal, íntima y verdadera para ti. Los ángeles te guiarán hacia tu propio estado de ser soberano e iluminarán tu mundo, lo colmarán de bendiciones y te acompañarán por el camino del despertar. A medida que tu energía cambie y tu vida se vuelva más liviana, podrás ver las huellas de los ángeles allí adonde vayas. Este es realmente el objetivo de cualquier práctica espiritual, y esta no es diferente. Todo lo que tienes que hacer es dar el primer paso.

Estas son solo algunas de las maneras de utilizar este libro. Estoy segura de que encontrarás muchas más formas divertidas de usar el material que se ofrece en estas páginas. Únicamente debes saber que no hay reglas, solo exploraciones y lecciones en medio de la aventura, ¡y que a los ángeles les encantan las aventuras!

La conexión con los ángeles como práctica espiritual

La mayoría de la gente asocia los ángeles a la religión. Si hablas de ángeles, no es raro que los demás supongan que eres alguien religioso o que sigues algún tipo de práctica religiosa. En general, este es el ámbito en el que la persona promedio obtiene las primeras informaciones acerca de estos seres celestiales, ya sea en la iglesia o en el contexto de alguna enseñanza o lectura religiosa. Este fue mi caso, pues fui educada como católica. Esta asociación con la religión y sus dogmas me hizo rechazar el primer par de encuentros que tuve con los ángeles. No quería saber nada de ningún aspecto de una religión que, según mi experiencia, había albergado prejuicios de género muy injustos y creencias racistas y homófobas. Para mí, la religión quería que todas las personas fueran iguales y siguieran sus reglas y códigos, so pena de mandarte al infierno si no obedecías. Veía los ángeles como unos ejecutores religiosos, como la policía de Dios, por así decirlo. No era la persona más amigable cuando estos seres celestiales comenzaron a bendecir mi vida. Los despaché con malas palabras cien veces al día por lo menos. Me habían inculcado una historia muy negativa sobre quiénes y qué eran los ángeles y sobre el papel que desempeñaban en el orden del universo.

Uriel, sin embargo, nunca pareció captar el mensaje. Sencillamente, permanecía ahí. Se lo conté a una amiga y me dijo que escuchara a los ángeles, que tal vez solo tenían un mensaje y se irían una vez que hubiesen hecho su trabajo. Entonces cedí, con la esperanza de que se alejaran cuando hubiese escuchado lo que tenían que decir. Pero no se fueron. Tardé mucho en darme cuenta de que era yo la que estaba llena de prejuicios, no los ángeles. Había permitido que un relato religioso elaborado por humanos empañara mi visión. Tuve que dejar de lado todo lo que pensaba que sabía sobre los ángeles y estar dispuesta a aprender de nuevo, pero esta vez serían los mismos ángeles quienes me instruirían. Tuve que deponer las resistencias que me habían generado los relatos relativos a ellos y permitirles que me contaran su historia, en sus propios términos y a su manera.

Gracias a esto aprendí mucho sobre el albedrío y el poder que tiene contar la propia historia. Como ocurre con los ángeles, muchos hemos dejado que otras personas cuenten historias sobre nosotros. Nos hemos convertido en personajes de relatos que a veces dicen muy poco de quiénes somos. Salvar la distancia entre el yo real y el personaje requeriría que alguien estuviera dispuesto a escuchar de verdad. Por lo tanto, les di a los ángeles la oportunidad de hablar y ser escuchados, porque al fin y al cabo me gustaría que otros hicieran lo mismo por mí. Me gustaría que alguien, en algún lugar, fuese testigo de mi relato. En muchos aspectos, esta es una de las formas en que funcionan los números de la ascensión (el número asociado con cada ángel). Son parte de este relato nuevo. Son parte de la historia que los ángeles desean contar sobre sí mismos y sobre ti, aunque me estén usando como conducto para poder difundir la historia a través de este libro.

Esto me lleva a un punto muy importante: no confíes en mi palabra. Si en algún momento algún contenido de este libro no resuena contigo, inclínate para oír mejor y ábrete a escuchar a los propios ángeles. Permíteles que te hablen con tus palabras a través de tus propias creencias personales. La forma en que te hablan a ti puede ser muy diferente de la forma en que me hablan a mí. Eso sí, estate abierto a escuchar, a escuchar de verdad.

Me esfuerzo mucho para que mis propias creencias personales o prejuicios no interfieran en sus palabras. Tuve que aprender a abordar mi trabajo con ellos como un conducto claro y como parte de una práctica espiritual mucho más amplia. No ha sido fácil y no es un aspecto que haya resuelto todavía, ni mucho menos. Es una de las razones por las que me ha costado tanto sentarme a escribir otro libro con ellos. Necesitaba saber que estaba en el espacio apropiado para que llegara la información. Los ángeles siempre están ubicados en el espacio mental correcto; siempre gozan de claridad y nunca tienen prejuicios. Solo nosotros, los seres humanos, necesitamos aclarar nuestra mente. Esto me lleva a efectuar unas consideraciones acerca del uso de la palabra *Dios*, o *Dios/Fuente/Divinidad/Diosa*, en este libro. Cuando los ángeles hablan de Dios, no están hablando del que «conociste» en la iglesia. El Dios del que hablan es una energía creativa e inclusiva que se entreteje a través de todo. No hay nada de lo que Dios no sea parte. Me llevó mucho tiempo aceptar esto, ya que soy un poco anti-Dios, la verdad sea dicha. Por lo tanto, de la misma manera que tuve que aprender todo de nuevo sobre los ángeles, tuve que hacer lo mismo con la energía Dios/Fuente/Divinidad/Diosa.

A medida que avances en la lectura, tal vez deberás dejar de lado cosas que has aprendido. Tal vez sentirás el impulso de permitir que nueva información y una nueva historia entren en tu vida. Quizá cosas que pensabas que sabías dejarán de parecerte ciertas. Esto es perfectamente normal cuando uno emprende este viaje. Por eso, te pedimos que no compares este libro con ningún otro de temática similar. En lugar de ello, considera estos libros como compañeros que cuentan una versión distinta de una misma historia; los distintos libros de ángeles exponen contenidos que son a la vez comunes y diferentes. Cada una de estas obras ha sido escrita por alguien que es un conducto diferente, que sintoniza con los ángeles de una forma particular. Por lo tanto, cada una de ellas es un capítulo más dentro de una historia mucho mayor. Estas consideraciones también son aplicables a este libro, y a tu propia experiencia con los ángeles. Sin embargo, cuando lo juntamos todo, tenemos el mosaico de una conversación mucho más amplia, que no deja de atraer a nuevas personas todos los días. Así es como funciona la conciencia colectiva. Todos participamos en el tejido de la historia y contribuimos a cargar la frecuencia.

Si tienes una práctica religiosa, debes saber que los ángeles trabajarán contigo de una forma coherente con tu fe. Ahora bien, no esperes que se comporten de la manera en que tu religión te dice que deben hacerlo, ya que podrías tener una decepción. Si, en cambio, eres un poco como yo y te has despojado del manto de la religión pero aun así son importantes para ti la fe y las creencias, también te encontrarás con la necesidad de reajustar tu forma de pensar. Los ángeles podrían ponerte a prueba especialmente, no porque haya algo malo en ti, sino porque podrías ser más reacio y presentar más resistencias. Finalmente, si no eres en absoluto religioso y te estás preguntando cómo diablos ha llegado este libro a ti, ¡bienvenido!

Eres una «pizarra en blanco» perfecta; los ángeles podrán empezar a crear milagros en tu vida. En cualquier caso, para todos nosotros, independientemente del grupo en el que nos encontremos, este trabajo es una práctica espiritual y, como todas las prácticas, es profundamente personal, y nuestras experiencias serán solo nuestras.

La denominación *práctica espiritual* consta de dos palabras, y la mayoría de la gente no acaba de ser consciente de lo que implica la primera. Una práctica es justamente esto, algo que se practica todos los días. No es algo que se hace una vez y ya está, y tampoco es como un retiro de fin de semana, al finalizar el cual te entregan un bonito diploma. Es algo que se ejecuta todos los días, o al menos con la mayor frecuencia posible, para desarrollar un hábito y generar un impulso. No soy alguien que pueda predicar sobre hacer algo todos los días, pero hacer algo con mucha frecuencia sigue constituyendo una práctica. Esta es una de las razones por las que los números de la ascensión funcionan tan bien: porque los verás a diario y les prestarás atención la mayoría de los días. Es fácil tomar conciencia de los números. Los vemos en nuestros relojes, teléfonos y microondas, y en las placas de matrícula de los vehículos. Adondequiera que vayamos, hay números. Trabajar con los números angélicos de la ascensión es una de las prácticas espirituales más fáciles que se pueden realizar. Esta es una de las razones por las que los ángeles me han estado presionando durante años para que escribiera este libro, y es la razón por la que este libro no solo está lleno de afirmaciones y pinceladas de información numérica, aunque este enfoque no tiene nada de malo, y lo aliento como complementario de este trabajo.

Esto me lleva a una última consideración. A medida que avances en la lectura, es posible que adviertas un pequeño detalle, y es mi resistencia a trabajar con los ángeles. Siempre he sido reacia a ello, y lo sigo siendo. No sabes la suerte que tienes de tener este libro en tus manos, ya que no tengo ni idea de cuándo escribiré otro centrado en ellos. Soy tan reacia a este trabajo que nunca he investigado a los ángeles en sí. Aparecen, trabajan conmigo un rato y luego se alejan. Es algo rápido y limpio, y no contiene ninguna carga emocional. Por lo tanto, cuando me senté a escribir este libro, comencé a dudar de mis conocimientos y experiencia respecto a este tema. Esto me llevó a pasarme horas y horas en Google haciendo búsquedas en una web tras otra sobre los ángeles que aparecen en este libro. También compré unas diez obras de referencia sobre esta materia. Nada de eso me fue útil, ni fue demasiado útil para este libro. Sin embargo, al menos me permitió saber cómo podíais haber llegado, los lectores, a interesaros por un libro como este. Pude saber qué puedes haber leído antes de acabar aquí conmigo. En este sentido, creo que esa búsqueda fue más útil de lo que pensé al principio. Dado que no he tomado contenidos de ningún libro o sitio web directamente, puedo hacerte una o dos recomendaciones si quieres una perspectiva diferente. Uno de los libros que más me gustaron fue *Angel Prayers* (*Oraciones a los ángeles*, en español), de Kyle Gray. El otro fue *A Dictionary of Angels, Including the Fallen Angels* [Un diccionario de ángeles, incluidos los ángeles caídos], de Gustav Davidson. He añadido estos dos libros a mi biblioteca; me gustan, y creo que a ti también te gustarán.

Qué vas a encontrar en este volumen

Dentro de los capítulos de este libro encontrarás ejercicios, rituales y trabajos de escritura relacionados con cada uno de los números y ángeles. Para algunos de los lectores, los términos y el lenguaje no serán nuevos, y es posible que se sientan muy cómodos usándolos y trabajando en los ejercicios. Sin embargo, si estás inseguro acerca de lo que designan ciertas palabras o si nunca antes has hecho el tipo de ejercicios que se plantean como forma de práctica espiritual secular, voy a explicarte lo que significa todo ello en el contexto de este libro. A continuación, vamos a echar un vistazo a los cinco conceptos principales que encontrarás en los capítulos. Son estos: preparar un altar, la oración, la sanación, la escritura automática y los chakras. Si bien no existe una forma incorrecta o correcta de abordar todo ello, los siguientes apartados te darán una idea de cómo puedes hacerlo, en el contexto de este libro, si sientes la necesidad de contar con un marco estructurado.

Preparar un altar

Es posible que la idea de elaborar un altar sea algo normal y natural para ti; incluso puede ser que ya tengas uno, o varios, en casa. Sin embargo, si la idea de preparar un altar es nueva para ti, es fácil que te sientas confundido. Un altar es un espacio sagrado. Es un lugar que se establece deliberadamente como sitio de devoción espiritual o destinado a realizar un trabajo de tipo mágico. Puede ser un lugar en el que decir las oraciones en voz alta y en el que manifestar verbalmente los propios deseos y necesidades al universo. También puede ser el lugar en el que lanzar hechizos o celebrar los solsticios y equinoccios. Yo incluso tengo un altar para las prácticas de meditación. El objetivo del altar es que constituya un espacio en el que puedas estar enfocado y presente con tu yo espiritual y tu trabajo espiritual o mágico. Los altares pueden ser pequeños o grandes.

No hay reglas sobre el tamaño de un altar ni sobre cómo debe ser. Algunos altares pueden consistir en algo tan simple como un jarrón con flores, una vela y una pequeña figura, que puede representar por ejemplo un ángel o alguna deidad. Un altar se puede instalar en un estante, en la esquina del alféizar de una ventana o incluso junto a la propia cama. También puede ser bastante grande y elaborado y contener cristales, varias velas, estatuillas, dinero, plumas, imágenes, coronas de flores, plantas y objetos encontrados. Y puedes colocar deliberadamente algunos de estos elementos en tu altar: sal para obtener protección; tierra para anclar tu deseo, oración, hechizo o intención en el plano físico; incluso un cristal específico para establecer la energía de una intención. En otras ocasiones puede decorarse con finalidades meramente estéticas. En este libro encontrarás muchas opciones diferentes sobre cómo puedes instalar altares para cada uno de los ángeles. Te recomiendo que dispongas un altar para los ángeles en algún lugar de tu casa y cambies sus elementos según el ángel con el que estés trabajando. Asociar tu altar a una intención específica te ayudará a fundamentar su poder y hará que tu energía se mantenga concentrada y pura cuando te presentes ante él para realizar tu trabajo devocional. Por este motivo, algunas personas tienen más de un altar en casa; yo misma tengo varios montados en cualquier momento dado. Sé que cuando me ponga frente a mi altar dedicado a los hechizos haré un trabajo relacionado con los hechizos. Sé que cuando me siente ante mi altar dedicado a la meditación voy a meditar, exclusivamente. Sé que cuando enciendo una vela en el altar que tengo dedicado a la Diosa elijo deliberadamente invocar lo sagrado femenino y trabajar con ello.

Creo que captas la idea, y quiero que la tengas en cuenta a la hora de elaborar tus altares dedicados a los ángeles. Hazlos a tu manera y asócialos a una intención; esto te ayudará con tu trabajo con los ángeles y hará que sea más profunda tu conexión con la práctica de los números angélicos de la ascensión. En el capítulo de cada ángel hay un apartado dedicado al trabajo con el altar, así que no te preocupes si es la primera vez que instalas un altar para los ángeles. Además, si bien hay pautas muy detalladas en cada uno de los capítulos sobre los altares, siéntete libre de ser tan lúdico como quieras al hacer tu altar (o tus altares). La idea es que sean profundamente personales y que, en muchos sentidos, se conviertan en una extensión de tu yo sagrado. Así que diviértete, confía en tu instinto y deja que los ángeles te guíen a la hora de preparar tu altar y trabajar con él.

La oración

La oración es una modalidad de comunicación entre nosotros y lo que llamamos la Divinidad. A través de ella,
buscamos que nos asista aquello que sentimos que nos
creó o que está en posición de ayudarnos. La oración es
una ofrenda, una petición, una llamada de auxilio. Es una
modalidad de magia espiritual y funciona exactamente de
la misma manera que lo hace un hechizo. Es la misma
energía, aunque las palabras son diferentes. En este libro,
a menudo encontrarás que estos dos términos están en-
tremezclados. La finalidad de ello es que puedas sentirte
tan cómodo con la palabra *hechizo* como con la palabra
oración. También advertirás, a lo largo del libro, que las
distintas oraciones o hechizos tienen más bien la forma de
afirmaciones o declaraciones de agradecimiento. Es decir,
las oraciones y los encantamientos están escritos como
si la solicitud ya hubiese sido atendida. Esto es «agradecer de antemano», un truco que a los ángeles les encanta
compartir con quien esté dispuesto a escuchar. Esto hace
que la oración no sea algo que uno emite como una forma
de mendigar y suplicar, sino como una forma de agradecer, soltar y mostrar reconocimiento.

Este tipo de oración es muy diferente de la que me
enseñaron en la iglesia durante mi infancia. El tipo de
oración que aprendí a formular de rodillas, inclinada sobre el duro suelo de madera de la iglesia católica, no me
inspiraba mucha esperanza. Esas oraciones tampoco estaban llenas de gozo; la mayor parte del tiempo irradia-
ban miedo. Este no es el tipo de energía que queremos
transmitir al universo con nuestras oraciones o hechizos.

El agradecimiento de antemano está presente a lo largo de este libro; se encuentra en la forma en que se han construido las frases y en que se han escrito los mensajes en el ejercicio de conexión que hay en cada uno de los capítulos. Los ángeles han tenido la gentileza de quitar de en medio las especulaciones proporcionándote la energía del agradecimiento en todas y cada una de las páginas. Por otra parte, puedes tomar los procesos que aprenderás aquí y usarlos en otras áreas de tu vida, más allá del ámbito de este libro. Date las gracias de antemano por tu sanación; o haz lo mismo por tu abundancia, tu alegría y tu diversión.

El trabajo con la oración es algo continuo. En realidad, nunca lo empezamos o acabamos, ya que todo el rato nos estamos poniendo en manos de la Divinidad, y es mejor hacerlo con el corazón lleno de agradecimiento. Encontrarás oraciones en cada uno de los capítulos; úsalas tal como vienen o sírvete de ellas para crear y moldear algo más personal. Como ocurre con todos los otros contenidos de esta obra, las oraciones que se exponen son una guía, un punto de referencia, pero no son el todo y el fin de todo. Abre el corazón y siente cómo quieres trabajar con la oración; cuanto más profundamente conectes con las palabras de agradecimiento presentes en tus oraciones, más poder transmitirán al universo. Siente las oraciones en tu corazón y da la bienvenida a los ángeles a tu vida.

La sanación

A lo largo de este libro, verás que se emplea bastante la palabra *sanación*. Creo que es importante decir qué significa en este contexto y en relación con los ángeles. En primer lugar, nada de lo que se expone en este volumen debería reemplazar el consejo médico. Consulta siempre con un profesional de la medicina si tienes un problema de salud o con un profesional de la salud mental cualificado para recibir terapia y apoyo en caso de trauma. El trabajo de sanación que se presenta en este libro debería ser adicional al que estés realizando con tu médico o terapeuta; su objetivo es reforzar lo que ya estés haciendo e intensificar el trabajo de curación en el que ya estés embarcado.

Según la forma en que definen el concepto de sanación los ángeles, consiste en permitirse alinearse con la frecuencia de la salud y el bienestar ilimitados e incondicionales. Es una experiencia vibratoria que cambia el estado de la persona, reenfoca su mente y apoya las capacidades curativas instintivas de su cuerpo. Esto significa que los ángeles y los números de la ascensión impulsan y elevan al equipo sanador que ya está ahí. Los ángeles te recomiendan que cuentes con un equipo que promueva tu salud y tu bienestar. Como ocurre con todo en el ámbito del trabajo físico, la colaboración también es una herramienta potente en el campo de la sanación. Cuantos más jugadores y animadoras tengas en tu equipo de la salud y el bienestar, más fácil te resultará mantenerte en el fluir de la energía curativa. Como *coach*, a menudo indico a mis clientes que averigüen quién es su ángel sanador, para que puedan incorporarlo a su equipo de sanación. A medida que avanzamos en nuestro trabajo conjunto, nos encontramos con que añadir este ingrediente adicional a la mezcla aumenta la receptividad del cliente al permitir que la sanación sea una realidad en su vida. Por lo tanto, supongo que se podría decir que el trabajo de sanación que se plantea en este libro consiste más bien en cambiar la resistencia a la salud y el bienestar, porque cuanto más puedas soltar tu resistencia a la salud, más podrás experimentarla. Cuanto antes dejes de contar tu vieja historia sobre tu salud y empieces a contar la nueva, más fácil será que surta efecto el trabajo que está realizando tu médico.

El trabajo de sanación que vas a efectuar con este libro te va a abrir a ser más consciente de los efectos logrados por tu equipo de sanación al trabajar de forma conjunta. Cuanto más aumente tu conciencia en cuanto al lugar concreto que ocupas en la experiencia de sanación cocreada, más energía sanadora podrán recibir tu cuerpo, tu mente y tu alma. Cada vez que veas la palabra *sanación* en este libro, procura recordar que tu equipo de la salud y el bienestar está aquí para apoyarte y guiarte con el fin de que tu trabajo de sanación sea más profundo y tenga mayor alcance. Si trabajas en el campo de la sanación, usa la información que contiene este libro para trabajar contigo mismo de modo que puedas recargar y restablecer tu propia energía curativa, porque cuando uno cuenta con una salud y un bienestar óptimos, puede dar lo mejor de sí a sus clientes. La energía de la sanación nos acompaña siempre; en todo momento está trabajando con nosotros, a nuestro alrededor y a través de nosotros. Sea lo que sea lo que esté sucediendo en nuestra vida, estamos experimentando la energía sanadora. Permanece abierto, sigue las directrices de los ángeles y permíteles que te mantengan en el fluir de esta energía.

La escritura automática

A lo largo de los capítulos de este libro verás indicaciones acerca de actividades de escritura automática, por lo que creo que es importante hablar un poco sobre lo que significa en el contexto de este libro y de tu trabajo con los ángeles y sus números. La escritura automática es una práctica intuitiva. Se utiliza para ayudar a las personas a abrirse al Espíritu y hacer que se sientan cómodas con la idea de recibir mensajes de seres no físicos. Es un proceso tan fundamental que se lo enseño a todos mis alumnos de canalización. En muchos aspectos, la mayoría de los libros que leemos se elaboran mediante el proceso de la escritura automática. En las obras de ficción, el autor canaliza a los personajes, quienes, la mayoría de las veces, dan indicaciones sobre lo que desean. En las obras de no ficción, siempre comenzamos con preguntas o apuntes sobre el contenido, y luego dejamos que la energía guíe nuestras investigaciones y escritos. Las indicaciones sobre escritura automática de este libro funcionan de la misma manera. Los ángeles pueden ser personajes en la historia de tu vida o pueden ser parte de tu investigación colectiva, según lo que elijas.

La clave de la escritura automática es dejar que fluya sin efectuar correcciones. Deja que las palabras se plasmen en la página; ya te preocuparás de encontrarles sentido más tarde. Aquí se te sugerirán una serie de preguntas dentro del apartado correspondiente a la escritura automática, en todos los capítulos. Siéntate con la pregunta bien presente y escríbela en una hoja de papel. Si sientes el impulso de hacerlo, puedes cerrar los ojos, respirar hondo unas cuantas veces y ver cómo la pregunta es enviada a los ángeles. A continuación, agarra tu bolígrafo y deja que la respuesta pase por el chakra de la corona, baje por el brazo, pase por los dedos y salga por el bolígrafo. No pares de escribir hasta que sientas que la energía ya no fluye o que has obtenido la respuesta completa. Usa lo que has escrito para llevar un diario si encuentras que hay algo que deba ser investigado más. Si lees cartas oraculares o del tarot, tal vez sientas la necesidad de sacar una o dos cartas para profundizar en lo que has escrito. Todo esto es parte del proceso de escritura automática.

No te preocupes demasiado si al principio te cuesta conectar con una respuesta o no puedes escribir más de unas pocas palabras. Esto es completamente normal en los principiantes. Persevera. Cuanto más trabajes con la práctica de la escritura automática, más palabras escribirás y más fuerte será tu conexión con la respuesta. No existe una forma correcta o incorrecta de ejecutar la escritura automática; sumérgete en ella y a ver qué ocurre. Por suerte para ti, los ángeles son muy buenos en esto, y serán pacientes y amables mientras aprendéis a hablar entre vosotros. Formula las preguntas y permite que estas muestren el camino.

Los chakras

De vez en cuando verás que hago referencia a los chakras o a un chakra en particular a lo largo de este libro. Pensando en los lectores que no estén nada familiarizados con estos centros energéticos, voy a presentarlos brevemente y a explicar por qué he incluido el trabajo con ellos en esta obra. Simplificando mucho, los chakras son discos de energía giratorios dispuestos a lo largo del cuerpo. Hay siete chakras principales, que son los siguientes:

1. El chakra raíz.
2. El chakra sacro.
3. El chakra del plexo solar.
4. El chakra del corazón.
5. El chakra de la garganta.
6. El chakra del tercer ojo.
7. El chakra de la corona.

Se considera que estos centros energéticos son vitales para el funcionamiento de nuestro cuerpo físico y nos permiten conservar una salud y un bienestar óptimos. El chakra raíz, ubicado en la parte inferior de la columna vertebral, lleva la energía del chakra hacia arriba por el cuerpo, hasta la corona. Esto permite que la energía se desplace hacia arriba y hacia abajo por el cuerpo físico y el energético, y también a través y alrededor de estos. Estos centros energéticos se han tenido en cuenta en las tradiciones orientales sobre todo, desde hace miles de años, para la sanación, la meditación y la autorrealización. Aunque el trabajo con los chakras se ha convertido en un elemento básico en muchas modalidades de sanación occidentales, es bastante nuevo en la cultura occidental y todavía no se habla ampliamente de él fuera de los círculos de la nueva era. La razón por la que incluyo los chakras en este libro, aunque sea a un nivel muy básico, es que mi trabajo con los ángeles se ha centrado en la sanación

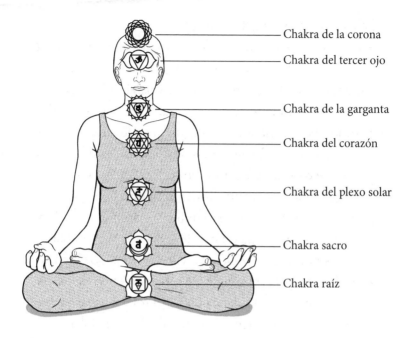

Chakra de la corona

Chakra del tercer ojo

Chakra de la garganta

Chakra del corazón

Chakra del plexo solar

Chakra sacro

Chakra raíz

energética. Hemos trabajado casi exclusivamente con el sistema de chakras a lo largo de los años, lo cual significa, para mí, que los chakras, los ángeles, la meditación, los cristales y los números van unidos. Dicho esto, este no es un libro centrado en los chakras. No encontrarás información detallada sobre ellos en estas páginas. De todos modos, si quieres explorar más este tema y profundizar en el trabajo con los chakras, estás de suerte, porque tengo un libro dedicado a ellos: *Tarot Healer: Using the Cards to Deepen Your Chakra Healing Work* [la traducción de este título podría ser, más o menos, 'sanador por el tarot: cómo usar las cartas para profundizar en tu trabajo de sanación de los chakras'].

Los números del ángel de nacimiento

A lo largo de este libro exploraremos los ángeles y los números asociados con ellos. Trabajarás con ejercicios de conexión, rituales y la magia de los cristales. Hasta ahora, no te he dado ninguna pauta estricta sobre cómo, dónde o cuándo puedes encontrar cualquiera de los números que se presentan aquí. El lugar más obvio donde puedes verlos son los relojes, que tenemos en todas partes. Hay relojes en tu teléfono, en tu automóvil, en tu microondas, en tus paredes y, si llevas reloj, en tu muñeca. También menciono las placas de matrícula un par de veces a lo largo del libro, pero los números de teléfono y los recibos por bienes y servicios recibidos también son buenas fuentes de números, entre muchas otras posibles. ¡El total a pagar en una de las letras de nuestro coche fue de 333,33 dólares! En muchos casos, son números que vemos o encontramos al azar en el transcurso de la vida diaria. No hay que escarbar o mirar con demasiado ahínco para ver estos números. Pero hay otros que quizá quieras explorar, que te conectan profundamente con los ángeles. En este apartado exploraremos algunos de estos números y averiguaremos quiénes son tus ángeles de nacimiento.

Es posible que este sea un proceso que no presente ninguna complicación en tu caso; es decir, tal vez tus números se manifestarán con mucha claridad en el momento en que escribas tu fecha de nacimiento. También es posible que tengas que profundizar un poco más y tener en cuenta los diversos números implicados en tu nacimiento. Estos ángeles pueden revelarse en la hora en que naciste, en tu fecha de nacimiento o incluso en el número de la dirección del hospital o el lugar donde naciste. Si tienes en cuenta estos tres datos, puede ser que se revelen dos o tres ángeles. Si eres como yo, tenías que ser observado muy de cerca en esta encarnación, por lo que se te concedió más de un ángel de nacimiento. En cualquier caso, hay algunas maneras de ver qué ángeles estaban por ahí esperando a que encarnaras en una forma física.

Uriel era uno de los ángeles que estuvieron presentes en mi caso, ya que tengo una cantidad muy inusual de cincos en mi perfil numerológico. El otro ángel que andaba por ahí era Raziel, ya que tengo tres sietes en la fecha de nacimiento. No supe que esto era tan importante hasta que conocí a un numerólogo en 2008, en una feria de espiritualidad que se celebró en Búfalo (Nueva York). Su fascinación por mis números fue el origen de mi propia obsesión por la numerología. A partir de ese momento, no pude mirar ningún número sin buscar patrones, códigos, caminos vibratorios y, por supuesto, más adelante en mi viaje espiritual, ángeles. ¡Quién sabe; tal vez, después de leer este libro, los números empezarán a acecharte a ti también!

Comencemos con el lugar en el que es más fácil que encuentres a tus ángeles de nacimiento: la fecha en que naciste. He tenido clientes que nacieron el duodécimo día del duodécimo mes, es decir, el 12 del 12. ¡Hola, arcángel Zeke! También he hecho cartas numerológicas a personas que nacieron el día 18 del octavo mes de 1968, lo cual hace que tengamos tres ochos. ¡Hola, arcángel Raguel! Al escribir tu fecha de nacimiento, ¿puedes ver números angélicos? No te preocupes si no puedes verlos de inmediato, ya que es posible que tengas una fecha de nacimiento como la mía, que requiera efectuar algunos cálculos matemáticos simples para encontrarlos. Yo nací el decimosexto día del séptimo mes de 1972. De entrada, no vemos los tres sietes; pero como me mostró mi profesor de numerología escocés, el 16 es, en realidad, el 7 oculto a plena vista. El caso es que los numerólogos no nos enfocamos en los números compuestos por dos dígitos: buscamos números integrados por un solo dígito, a menos que se trate de encontrar un número maestro o de deuda kármica; estos están compuestos por dos dígitos, pero no son los tipos de números que estamos buscando aquí. Ahora que hemos encontrado ese tercer siete, podemos ver el 777 con bastante claridad. Por lo tanto, vuelve a echar un vistazo a tu fecha de nacimiento y observa si contiene números ocultos. Es posible que tengas que reducir tu año de nacimiento a un solo dígito; hazlo y a ver qué número resulta.

Por otra parte, no es imprescindible obtener tres números iguales; quizá obtengas dos. En este caso, te recomiendo que escribas estos dos números; a continuación suma todos los números presentes en tu fecha de nacimiento y redúcelos a un solo dígito. Añade este dígito a tus números repetidos y busca cuál es tu ángel.

Por ejemplo, vamos a suponer que naciste el segundo día del segundo mes de 1951. Entonces, efectuarías estas sumas: $2 + 2 + 1 + 9 + 5 + 1 = 20; 2 + 0 = 2$. Bien, ¡ya tenemos el 222! ¡Hola, Jofiel! Desarrollemos un supuesto más.

Pongamos que naciste el día 26 del sexto mes de 1987; entonces, las sumas serían estas: $2 + 6 + 6 + 1 + 9 + 8 + 7 = 39; 3 + 9 = 12; 1 + 2 = 3$. Toma tu tres y colócalo al lado de tus dos seises; ahora tienes el número 663. Si vas al capítulo dedicado a Ariel, verás que este es uno de los números de este arcángel, ¡lo que significa que acabamos de encontrar tu ángel de nacimiento! Como dije, a veces hay que indagar; hay casos en los que uno tiene que sentarse y dejar que los números revelen el mapa. Al final, se obtiene la respuesta.

Ahora bien, no te preocupes si no tienes ángeles visibles u ocultos en tu fecha de nacimiento. Al parecer, solo aquellos que tenemos que recordar constantemente están a la vista. Piensa en ello: ¿con qué frecuencia tienes que escribir tu fecha de nacimiento? ¡Bastante a menudo! De hecho, con el paso de los años, parece que cada vez tenemos que escribirla más. El ángel revelado por tu fecha de nacimiento quería estar contigo allí donde fueras. Estableció la pauta para cada formulario, contrato o acuerdo vinculante en el que hayas tenido que hacer constar tu fecha de nacimiento. Esta es una bendición angelical importante. Sin embargo, no todo el mundo necesita que cuiden tanto de él o ella.

Echemos un vistazo a la hora en que naciste; si la sabes, por supuesto. Yo no sé a qué hora nací, lo cual me ha complicado las cosas desde el punto de vista astrológico; pero si la sabes, mira si hay números que se repiten. ¿Quizá naciste a las 11:11 de la mañana, o tal vez a las 2:22 de la tarde? Algunas personas tendrán suerte y verán de inmediato qué números están presentes en la hora de su nacimiento. En el apartado dedicado a los números angélicos adicionales que se incluye en cada capítulo encontrarás una serie de números regida por el número principal del capítulo. A diferencia de lo que ocurre con la fecha de nacimiento, los números de la hora de nacimiento no dan mucho juego, pues son pocos; por lo tanto, o serán directamente evidentes, o no habrá números angélicos ahí. En caso de que hayas recibido la bendición de nacer bajo un número angélico, esa hora del día es como un portal celestial para ti. Ese es el momento en que tu conexión con tus ángeles es más fuerte. En otras palabras: había muy poca separación entre vosotros en la hora de tu nacimiento; en ese momento, el velo entre los mundos estaba completamente abierto, y ambos estabais juntos, cruzando dimensiones y el tiempo entendido como vibración. Esto hace que la hora de tu nacimiento sea poderosa. Si esta coincide con un número angélico, te recomiendo que uses dicho número como portal para la energía de la manifestación. Dedica un altar a este número y canalízalo cuando desees crear algo significativo en tu vida.

Bien, ¿cómo te está yendo? ¿Ya has encontrado tu ángel o tus ángeles de nacimiento?

Si la respuesta es que no, no pierdas la esperanza. Todavía tenemos un conjunto de números a los que recurrir, y son los de la dirección en la que naciste. Sé lo que estás pensando. Sé que tienes la impresión de que me estoy excediendo un poco, pero toma en consideración lo siguiente: si el lugar de nacimiento no fuera significativo, ¿por qué querrían saberlo absolutamente todos los astrólogos? Quieren saberlo porque, en efecto, es importante. El lugar donde naciste contiene un vórtice de energía; es el portal desde el que saltaste al mundo material. Es ahí donde cruzaste el espacio y el tiempo para estar aquí, durante este período de tiempo, para unirte al resto del planeta. Mientras escribía este capítulo, pensé en buscar la dirección del hospital donde nací. Tenía dos conjuntos de números repetidos, el 77 y el 55. En este ejemplo, el 77 era la dirección física, y el 55 era parte de la dirección postal. De acuerdo, está bien; gracias, ángeles. Creo que mis dos ángeles sintieron que necesitaban remarcar su presencia. Por lo tanto, ve y busca en Google la dirección del lugar donde naciste. Tal vez te echarás a reír a carcajadas, como me ocurrió a mí. Tal vez tengas una sorpresa, o quizá, solo quizá, recibas la respuesta a muchas preguntas que tenías sobre las circunstancias de tu nacimiento.

¿Qué indican los números de la dirección del lugar de nacimiento? Puesto que se trata de una ubicación real, un lugar fijo, es un centro para esa energía angélica en particular. Conjuntamente con tu fecha y hora de nacimiento, muestra a quién y qué energía alineó para ti el ángel del lugar al comienzo de esta encarnación. Esto significa que no todos los nacidos en el lugar tienen los mismos ángeles de nacimiento, porque lo que hace principalmente el ángel del lugar es facilitar las alineaciones. Sin embargo, como ocurrió en mi caso, uno de los ángeles puede terminar en los otros números, por lo que el ángel del lugar puede acabar siendo el ángel de nacimiento principal, sobre todo si el número del lugar es el único número angélico que has podido identificar. Esto indicaría una lección de vida proveniente de tu lugar de nacimiento y una conexión especialmente profunda con el lugar donde irrumpiste en el mundo de la materia. También puede significar que has estado viviendo en el mismo sitio toda tu vida y que el ángel del lugar te ha bendecido con una ubicación sagrada. Si es tu caso, ¡enhorabuena! Eres una de esas personas que nunca se preguntan dónde está su hogar y nunca sienten el impulso de encontrarlo. Te envidio, sinceramente.

Si quieres ir más lejos y profundizar en tu tabla numerológica, te recomiendo el libro *The Complete Idiot's Guide to Numerology* [La guía completa de numerología para idiotas]. Es uno de los mejores libros de numerología que he encontrado para principiantes. Se lo recomiendo a todos mis alumnos y he regalado varios ejemplares a lo largo de los años.

Espero que esta pequeña introducción dedicada al descubrimiento de tu ángel de nacimiento haya estimulado tu curiosidad y quieras saber más sobre tus números angélicos y sobre cómo se han expresado, cómo te han impactado o cómo han marcado la pauta en aspectos o áreas de tu vida. Sin embargo, si solo ha sido un ejercicio divertido para ti y no quieres hacer tantos cálculos otra vez, lo entiendo perfectamente; podría ser perjudicial para tu cerebro, al cabo de un tiempo. Solo debes saber que independientemente del camino que elijas, los ángeles siempre han estado contigo y permanecerán a tu lado hasta mucho tiempo después de que hayas dejado tu cuerpo mortal.

Por ahora, sin embargo, prosigue con la lectura. Avanza por las páginas con los ángeles y empieza a aprender sobre ellos, sus números y las enseñanzas que tienen para ti en este momento. Cada ángel tiene algo importante que enseñarte, así que respira, relaja los hombros y el cuello y permanece abierto.

1

000 - ARCÁNGEL METATRÓN
Infinitas posibilidades están presentes ahora en tu vida

Todo es posible en este momento; solo tienes que hacer girar mi cubo y ver qué portales de posibilidades abre.

Significado profundo del 000

La magia del 000 es que cualquier cosa es posible. El cero es el número del potencial puro. No se ha decidido nada y todo es posible. Solo aquí, en el vórtice de los ceros, puedes dejar volar tu imaginación. No hay fracaso ni éxito; solo la insinuación de lo que puede ser. Esto significa que ahora mismo, en este momento, cuando el 000 destella ante tus ojos, el universo está restableciendo el vórtice de tu intención. Te está dando la opción de comenzar de nuevo. El número angélico 000 es nada y todo a la vez.

Está vacío y también lleno. Es dualidad y totalidad. No hay nada que el poder del 000 no pueda ser, hacer o tener. Es libertad y, a la vez, creación contenida. Es equilibrio. Piensa en ello como si tuvieras tres huevos misteriosos. No tienes ni idea de lo que hay en su interior hasta que se abren y revelan el premio que contienen.

Mientras permanecen enteros, puedes permitirte soñar despierto sobre lo que podría haber dentro. El arcángel Metatrón quiere que te adentres en el ensueño, en la imaginación, cuando veas este número de ascensión (los tres ceros). De pie frente a ti, hace girar su cubo con una esquina descansando sobre la punta de un dedo mientras el conjunto de la pieza da vueltas como una pelota de baloncesto. Gira tan rápido que todo lo que puedes ver es la forma de un huevo. No hay manera de ver los huecos o espacios que hay entre su estructura metálica mientras gira, y de eso se trata. Cuando el potencial creativo está en movimiento, no hay brechas. La fuerza de la energía llena el espacio y crea la ilusión de una forma sólida. Tu mente se parece mucho a esta fuerza creativa; llena los huecos que hay en tus sueños y te permite imaginarlos completos y verlos como si se hubiesen cumplido. Como ocurre con los huevos, el potencial de lo que podrían ser es infinito.

Entonces, ¿dónde quieres que concentre su energía Metatrón?

¿En qué cubo de creación giratorio deseas insuflar el poder del 000?

Tómate un momento para pensar en algo que sea divertido y que haya querido estar muy presente en tus ensueños. A continuación, deja que el arcángel Metatrón y el 000 hagan el resto.

El ángel Metatrón

Si hubiese un ángel que pudiera enseñarnos todo acerca de las posibilidades ilimitadas, sería el que comenzó como nosotros, como humano. La historia del origen de Metatrón no es como la de los otros ángeles, porque a diferencia de muchos de los miembros de la familia angelical vibratoria a la que pertenece, ha caminado por el plano físico en carne y hueso. Ha despertado en más de un plano vibratorio y está aquí para mostrarnos cómo podemos hacer lo mismo. A menudo nos preguntamos si los ángeles caminan entre nosotros, pero la verdadera pregunta es: ¿cómo pueden los humanos despertar de las limitaciones del mundo kármico y caminar entre los ángeles? Trascender los planos vibratorios parece prácticamente imposible, pero se puede hacer, y Metatrón es el primer ejemplo que tenemos de ello.

La mayor lección de Metatrón y el 000 no es que todo sea posible, aunque esta es una lección fantástica que deberíamos aprender, sino que siempre volvemos al cero. No hay un techo, no hay un final de trayecto, sino que regresamos al cero una y otra vez. Uno de los mayores mitos en el ámbito humano en estos momentos es que una vez que hemos despertado a determinados aspectos en nuestra vida, nuestro mundo mejorará. Pero Metatrón explica que despertar, o alcanzar la alineación, no es la línea de meta, sino que solo es el siguiente punto en el que restablecemos nuestra frecuencia vibratoria; una vez que hemos hecho esto, volvemos al cero. El cero es el único espacio en el que todo es posible.

Metatrón nos enseña que vemos la ascensión como un juego en el que vamos subiendo de nivel, cuando en realidad es como una rueda. Emprendemos el viaje de ascensión, la rueda gira y volvemos a encontrarnos en el cero. Ahora bien, aunque nos encontremos en el mismo lugar, ahora estamos vibrando a una frecuencia diferente. Metatrón explica que no dejamos de vivir una vida humana promedio después de despertar, sino que el juego vibratorio empieza de nuevo. En este juego, regresamos al mismo punto una y otra vez, pero cada vez que volvemos al cero, vemos este punto de retorno de manera diferente. Vemos varias posibilidades. Vemos distintas oportunidades. En esencia, el cero crece, hasta que, finalmente, se convierte en todo. Esta es la lección del 000, que es donde comienzas, también donde terminas, y ahí donde terminas, también comienzas. Sin embargo, el tú que regresa nunca es el mismo.

Visualización/meditación de Metatrón: ábrete a tu potencial ilimitado

Con esta meditación guiada conectarás con el arcángel Metatrón y la energía vibratoria del 000. No existe una forma correcta o incorrecta de experimentar esta energía; se muestra de manera diferente a cada persona. Mientras realizas la meditación, tal vez experimentarás sensaciones en el cuerpo, calor, frío o incluso como si algo o alguien te estuviera tocando la cara y la cabeza. O acaso verás colores, o tus sentidos se agudizarán. También cabe la posibilidad de que no sientas nada la primera vez que hagas la meditación, o incluso la segunda o tercera vez. Puedes necesitar un momento para sentir la suficiente confianza como para permitir realmente que la energía entre en tu experiencia. Solo debes saber que independientemente de lo que te suceda o no, Metatrón estará ahí contigo y mantendrá un espacio sagrado para que explores todo lo que pasará a ser visible para ti.

Asegúrate de hacer esta meditación en un lugar tranquilo y en el que no te vayan a molestar. Si sientes el impulso de hacerlo, puedes encender una vela blanca. Las velas blancas son las apropiadas, ya que sostienen y toman cualquier energía o poder que necesitemos que sostengan y tomen. La vela debe permanecer encendida durante toda la meditación; acuérdate de apagarla cuando hayas terminado. Puedes grabar esta meditación y escucharla para poder cerrar los ojos, o puedes mantener los ojos abiertos y leerla. En cualquiera de los casos, conectarás con la energía y será beneficiosa para ti. Por lo tanto, haz lo que te resulte más cómodo.

Empecemos.

Haz una respiración profunda para centrarte. Inspira por la nariz y expulsa el aire por la boca. Mientras respiras, relaja los hombros y siente que tu cuerpo se acomoda en el asiento. Al inspirar, permite que el aire entre suavemente en tu corazón, entendido como centro energético. Al espirar, expulsa cualquier resistencia y tensión que estuvieras cargando antes de sentarte a hacer esta meditación. Deja caer los hombros, afloja la mandíbula y permite que tu cuerpo se relaje cada vez más profundamente con cada respiración lenta y profunda. Deja que tu atención se dirija al espacio de tu corazón; ahí, ves brillar una luz blanca. Inspira suavemente por la nariz y espira por la boca. Manteniendo el enfoque en la luz blanca de tu corazón, observa cómo se expande fuera de tu cuerpo, por la habitación.

Pídele al arcángel Metatrón que se incorpore a este haz de luz blanca. Mientras lo hace, piensa en algo que quieras crear. Podría ser una oportunidad, una nueva fuente de ingresos, una nueva relación o una nueva sensación de salud y bienestar. Sea lo que sea, e independientemente de lo grande o pequeña que sea la petición, formúlala. Mientras Metatrón avanza hacia ti a través de la luz, dile cuál es tu deseo y deja que lo ponga dentro de su cubo. Observa cómo toma el deseo de tu corazón, tu petición, y lo mete dentro de su cubo. No te olvides de seguir inspirando por la nariz y espirando por la boca.

Hazte a un lado mientras comienza a hacer girar el cubo, dejando que la energía del deseo de tu corazón se mezcle con la energía universal que hay en el interior del cubo. Mientras Metatrón hace girar su cubo, se abren más posibilidades y oportunidades dentro del vórtice vibratorio. Se abrirán más puertas para ti ahora, y más elementos se alinearán con facilidad y delicadeza. Te será más fácil encontrar soluciones, y las personas adecuadas aparecerán en el momento oportuno. Haz una respiración especialmente profunda y espera a que Metatrón se aleje caminando por el haz de luz surgido de tu corazón. Cuando haya terminado, se dará la vuelta y se irá, llevándose el cubo y el deseo de tu corazón con él. Confía en que, ahora, el universo y el arcángel Metatrón están conspirando para tu mayor bien. Haz otra respiración especialmente profunda y observa cómo la luz blanca de tu pecho se desplaza a todas las partes de tu cuerpo. Mientras inspiras, ves cómo la luz blanca palpita en ti. Mientras espiras, ves cómo las resistencias y las tensiones abandonan tu cuerpo. Deja que la luz blanca te envuelva como una segunda piel. Cuando estés completamente cubierto por esta energía y contenido en ella, envuelto por la luz blanca, pon la mano sobre el corazón y di: «Abro mi corazón a todo lo que Metatrón haga entrar en mi vida a través de los giros». Ahora, retira la mano del corazón y relájate; respira normalmente mientras dejas que tu piel absorba la luz blanca. Permítete ser consciente de tu cuerpo físico y céntrate en él; sé también consciente del espacio físico en el que te encuentras y préstale tu atención. Respirando de forma profunda y agradable, llénate aún más de energía e incrementa tu atención mientras traes tu conciencia de regreso al aquí y ahora, sabiendo que el deseo de tu corazón está en buenas manos y que todo lo que tienes que hacer es estar abierto a recibir.

Cómo preparar un altar para el 000 y el arcángel Metatrón y cómo trabajar con él

Este altar te va a servir para enfocar tu energía cuando sepas que es el momento de abrirte a nuevas oportunidades y posibilidades. Es posible que incluso desees restablecer tus vibraciones trabajando intencionadamente con el 000; esto podría ocurrir cuando te sientas agotado, falto de energía o desmotivado, o cuando sepas que has llegado al final de un ciclo y no tengas ni idea de cómo proceder o qué hacer a continuación. Traer la energía del 000 y el arcángel Metatrón te ayudará a sostener el espacio que hay entre los huecos de tu vida, a volver a llenar tu taza, a renovar tu energía y a abrirte a nuevos comienzos. Metatrón ha ganado popularidad en los últimos años, por lo que encontrar imágenes y figuras de él es más fácil de lo que era antes. También puedes poner en el altar una carta que lo represente sacada de una baraja oracular. Tú decides cómo mostrar tu reconocimiento a este arcángel; basta con que te asegures de que en tu altar haya algo que lo represente a él y evoque su energía. A continuación, necesitarás una hoja de papel en la que hayas escrito 000 y la intención o solicitud para la que requieres la ayuda de Metatrón. Puedes escribirlo a mano, incluso con una caligrafía elegante, o puedes escribirlo en un ordenador e imprimirlo; la elección es tuya. Este es un espacio personal, y deberías decorarlo de una manera que tú sientas apropiada. Otros elementos que quizá quieras poner en tu altar son flores, cristales, sal, agua y tierra. Y, por supuesto, necesitarás una vela. Lo preferible es que pongas una vela blanca, ya que las velas de este color son plenamente inclusivas. Asegúrate de hacer el altar en un lugar en el que ninguna persona o animal vaya a alterarlo mientras lo usas activamente. Depende de ti, exclusivamente, la cantidad de tiempo que vas a estar trabajando con el altar; tal vez sientas que solo necesitas recitar tu oración una vez, o tal vez sientas que debes hacerlo durante diez días. Tú decides.

Una vez que hayas elaborado el altar, te recomiendo que lo rocíes con un aerosol de salvia o que le pases por encima, una vez, humo de salvia o palo santo. Esta operación limpiará el espacio y lo dejará listo para trabajar con la oración. Cuando el altar esté limpio, bien dispuesto y preparado para el trabajo con la oración, respira hondo un par de veces, enciende la vela y formula la declaración de tu intención en voz alta, empezando con estas palabras: «Invoco al arcángel Metatrón y el poder del 000 para que escuchen mi intención y me ayuden a hacerla realidad de la manera más mágica. Que esta intención sea para mi mayor bien y para el bien de todos los que puedan estar implicados». Acto seguido, lee la declaración-oración que contiene tu intención: «Mi intención/oración es...».

Para finalizar el ritual, puedes apagar la vela o dejarla encendida, si no hay peligro. Si eliges apagar la vela, di estas palabras antes: «Mientras apago esta vela, confío en que su humo lleve mi intención hasta el cielo para que el universo la manifieste. Estoy lista (o listo) para recibir lo que he pedido. Que así sea». A continuación, apaga la vela, soplando.

Ahora, lo único que debes hacer es permanecer abierto, observar y escribir todas y cada una de las nuevas ideas que te vengan a la cabeza. Da la bienvenida a todos y cada uno de los nuevos amigos que conozcas y permanece abierto. Recuerda que Metatrón está haciendo que lleguen posibilidades y oportunidades a tu vida, a través de los giros. Cuanto más aumente tu capacidad de observación, más las verás. Ten la certeza de que lo que has pedido ha sido creado y está fluyendo hacia ti en este momento.

Actividad de escritura automática

Después de haber hecho tu trabajo con la oración, o incluso después de haber realizado la visualización, notarás que tu conexión con Metatrón está abierta y que empiezas a recibir mensajes e información. Si te sientes motivado, saca tu cuaderno y aprovecha esta conexión. Pon este título en una página: «Charlas con Metatrón y la energía vibratoria conocida como 000». A continuación, puedes comenzar a escribir, sobre todo si estás acostumbrado a llevar un diario. Si no estás habituado a escribir en un diario, puedes usar estas preguntas para empezar y familiarizarte con el proceso:

1. Metatrón, ¿cómo sabré que estás cerca?
2. ¿En qué área de mi vida quiere el 000 que me concentre y por qué?
3. ¿Cuál es la mejor manera en que puedo permitir que nuevas oportunidades lleguen a mi vida?
4. ¿Qué puedo hacer hoy para estar más cerca de soltar mis miedos y resistencias a abrirme a lo nuevo?
5. ¿Cómo me ayudará hoy el hecho de sintonizar con la energía del 000?

Cristal angélico: el cuarzo transparente

El cristal de cuarzo transparente sirve para todo; se puede utilizar en lugar de cualquier piedra, prácticamente. En caso de duda, usa tu cuarzo transparente. Esta característica hace que sea el cristal perfecto para trabajar con la energía del 000. Está lleno de potencial, siempre abierto a posibilidades; ama la novedad y no existe una forma correcta o incorrecta de trabajar con él. Es un cristal poderoso.

Para este ejercicio, necesitarás estas herramientas mágicas: una pieza de cristal de cuarzo que puedas llevar en el bolsillo y un marcador permanente. Escribe el número 000, tan grande como puedas, en el cristal. A continuación, toma este y sostenlo en tu mano no dominante, con la que no escribes, ya que esta es la mano receptora y la que está abierta a la nueva energía. Cierra la mano suavemente, con el cristal en su interior, y sostenlo contra el corazón mientras haces un par de respiraciones profundas para enraizarte. Percibe cómo el aire baja por la garganta, sigue bajando por el cuerpo y llega hasta la base de la columna vertebral. Cuando te sientas presente y concentrado, cierra los ojos con suavidad y visualiza el 000. Deja que destaque en tu mente. Mientras lo visualizas sin apartar la atención de él, invita al arcángel Metatrón a entrar en contacto con tu energía. Pídele que llene tu corazón y tu cristal con su energía y la energía del 000. Es posible que veas cómo esta energía fluye hacia el centro energético que es tu corazón como una luz. Tal vez tenga un determinado color, tal vez sea blanca. No intentes controlarla; deja que fluya. Respira lenta y profundamente mientras permites que esta energía entre en ti. Metatrón te avisará cuando haya terminado haciendo un gesto de complicidad con la cabeza. Una vez que haya concluido, deja que el 000 se disuelva en la pantalla de tu mente. Suelta la conexión con la visualización y respira con suavidad para regresar a tu cuerpo y al momento presente.

Aparta la mano del corazón y mete el cristal en tu bolsillo, ya que ahora está cargado y listo para traer nuevas posibilidades a tu vida.

Otros números asociados a la energía de Metatrón

001 Es hora de volver a empezar. Está aconteciendo un nuevo comienzo en algún área de tu vida. No te resistas a él, no intentes controlarlo y sigue adelante.

002 Una nueva conexión de corazón a corazón está esperando que la reconozcas. Podría ser un amigo, un compañero de trabajo o alguien con quien has estado hablando en las redes sociales que está listo para convertirse en algo más que un conocido casual con el que hay poca relación. No se trata de una conexión romántica necesariamente; puede ser que sea alguien cuyo corazón vibra de forma similar al tuyo.

003 Conversaciones con extraños traerán las ideas más increíbles. A veces, las respuestas provienen de los lugares más insólitos. Presta atención a las nuevas interacciones hoy, ya que Metatrón se está expresando a través de todos aquellos con quienes te encuentras.

004 A veces, las pequeñas cosas que pasamos por alto acaban por ser las más importantes más adelante. Hoy, sé consciente de las pequeñas cosas.

005 Las oportunidades traen cambios. Las posibilidades requieren cambios. Todo lo nuevo trae cambios que pudiste o no haber considerado. Cuando veas este número, sé consciente de que el arcángel Metatrón te está avisando de que se acercan nuevos cambios.

006 Podría ser un buen momento para abordar una antigua relación desde una nueva perspectiva. Todas las relaciones necesitan renovarse y que se actualice la energía. Una de tus relaciones actuales está pidiendo justamente esto.

007 Las nuevas ideas generan nuevas preguntas, las cuales, a su vez, dan lugar a nuevas corrientes de aprendizaje. Hoy, mantén la mente abierta; permite que aparezca un nuevo pensamiento, a ver adónde te lleva.

008 Es hora de que hagas algo nuevo con tu cuerpo. Tal vez cortarte el pelo según otro estilo o teñírtelo de otro color, ¿o qué tal algo de ropa nueva? Metatrón te está indicando que comiences a incorporar físicamente toda la energía nueva que está trayendo a tu vida.

009 Todos los comienzos implican finales, y de algo viejo nace algo nuevo. Así es la transición de un ciclo a otro, y hoy estás justo en mitad de una. Por suerte para ti, Metatrón está ahí, abriéndote un camino lleno de potencial.

2

111 - ARCÁNGEL MIGUEL
Atrévete a liderar en una nueva era

Es hora de que des un paso al frente, depongas tus resistencias y pases a asumir un liderazgo centrado en el corazón en una o más áreas de tu vida.

Significado profundo del 111

Cuando el arcángel Miguel aparece, puedes estar seguro de que las cosas están a punto de cambiar para mejor. En este momento, hay un área de tu vida que requiere que intervengas y te adueñes de ella. Tu energía es la única útil en este caso, así que no delegues más en esta área de tu vida. El número angélico 111 no está asociado a ningún tipo de liderazgo antiguo; no, aquí, en el contexto de la energía de la ascensión, se trata de asumir un liderazgo basado en el corazón. El liderazgo de la nueva era consiste en aprender a confiar en el propio corazón y en usar este aprendizaje para enseñar a otros a confiar en su corazón. Este nuevo liderazgo, que el arcángel Miguel invita a que esté presente en tu vida con el poder del 111, fluye con la vibración del amor. De hecho, uno no puede estar a la vanguardia de la energía de la Fuente sin tener un corazón abierto.

Miguel empuña la espada de la verdad; con ella atraviesa el miedo, la duda, la culpa, la vergüenza, la tristeza, la desconexión y la ira. Cuando estas energías dejan de interferir en la propia vida, la verdadera energía del corazón puede fluir. Se te pide que observes un área de tu vida que necesite este tipo de liderazgo. ¿Es tu economía, tus relaciones, tu salud o tu carrera? Quizá puedas identificar más de un área, pero una de ellas te necesita más que las otras en estos momentos. Esta área requiere que levantes la espada de Miguel y te deshagas de cualquier hilo que te esté conectando a una energía no amorosa. Corta todo lo que te ata y sal victorioso. Reclama tu paz interior. Reclama tu poder. Reclama tu espacio en el foco de tu corazón. Porque liderar es ser vulnerable. El número angélico 111 nos recuerda que no hay liderazgo sin el coraje de ser vulnerable. Tienes que ser visto, tienes que ser escuchado y, sobre todo, tienes que sentirte digno de todo ello. Cuando el 111 aparece en tu experiencia, puedes estar seguro de que el arcángel Miguel te está ofreciendo su espada. Sin embargo, para poder usarla deberás ser lo bastante fuerte como para abrir tu corazón.

El ángel Miguel

El arcángel Miguel es un líder nato. Ha pasado toda su existencia en el campo de batalla del amor. Todos y cada uno de los días lo encontrarás acabando con todo aquello que se interpone en el camino de traer un mundo amoroso a todos los que lo desean. Entre todos los ángeles, Miguel es el que más está trabajando en favor de la ascensión y el despertar de la humanidad. Su objetivo es llevar a todos los seres sintientes al siguiente nivel de expansión e iluminación. Se podría decir que esta fue la razón por la que fue creado Miguel: para ayudarnos en el camino del amor y hacer que nos levantemos y reclamemos nuestro lugar en el reino de la luz; esta será la siguiente fase para todos los seres sintientes. Miguel es un cruzado incansable que no sabe lo que significa rendirse o ceder, pero sí sabe cuándo detenerse, hacer una pausa o incluso hacerse a un lado. Siempre lidera con el ejemplo, por lo que no trata de convencer a otros para que formen parte de su equipo. Miguel no es un vendedor; solo aparece y es él mismo.

Su misión no es conseguir seguidores, aunque los gana allí adonde va. Su misma existencia es su misión, y eso es lo que nos enseña. Somos la misión. Somos los líderes de nuestra propia vida y, a través de este acto, dirigimos a otros. La esencia del 111 es que seamos nosotros mismos siempre y sin disculparnos por ello. Nos limitamos cuando sentimos que no estamos a la altura de la versión de lo que somos que sostiene otra persona. La verdad es que esta no es la razón por la que venimos a encarnar en un cuerpo físico, y Miguel lo sabe. Pero él comprende tu situación; por eso está delante de ti ahora, y cada vez que ves el 111, te ofrece su mano. Quiere que salgas de las sombras de la limitación y entres en la luz de tu potencial divino. Lleva tu vida a tu manera, bajo tus propias condiciones y con un amor por ti mismo más grande que el amor que hayas esperado nunca de otra persona.

Visualización/meditación de Miguel: da un paso adelante y reclama tu lugar como líder

Con esta meditación guiada serás capaz de conectar con la energía de liderazgo del arcángel Miguel. No existe una forma correcta o incorrecta de experimentar esta energía; se muestra de manera diferente a cada persona. Mientras realizas la meditación, tal vez experimentarás sensaciones en el cuerpo, calor, frío o incluso como si algo o alguien te estuviera tocando la cara y la cabeza. O acaso verás colores, o tus sentidos se agudizarán. También cabe la posibilidad de que no sientas nada la primera vez que hagas la meditación, o incluso la segunda o tercera vez. Todo esto está bien, y es completamente normal. Solo debes saber que independientemente de lo que te suceda o no, Miguel estará contigo, protegiéndote y dándote espacio para que explores las áreas de tu vida en las que debes tomar la iniciativa.

Asegúrate de hacer esta meditación en un lugar tranquilo y en el que no te vayan a molestar. Si sientes el impulso de hacerlo, puedes encender una vela dorada. La vela debe permanecer encendida durante toda la meditación; acuérdate de apagarla cuando hayas terminado. Puedes grabar este guion y escucharlo para poder cerrar los ojos, o puedes mantener los ojos abiertos y leerlo. En cualquiera de los casos, conectarás con la energía y será beneficiosa para ti. Por lo tanto, haz lo que te resulte más cómodo.

Empecemos.

Busca una silla confortable, en la que puedas sentarte con los pies en el suelo, la espalda relativamente recta y los brazos cómodamente a los lados. Haz un par de respiraciones profundas para centrarte y relájate en tu asiento, manteniendo los ojos abiertos si quieres; si has grabado esta meditación, cierra los ojos con mucha suavidad. Mientras te sumerges profundamente en la respiración, enfócate en un aspecto de tu vida en relación con el cual te sientas impotente o abrumado, o incluso en un área de tu vida que no te emocione especialmente. Trae este asunto al primer plano de tu mente y visualízalo con claridad, con colores brillantes y vibrantes. Asegúrate de estar enfocándote en ello de forma clara y de que no haya manera de que puedas confundirlo con otra cosa. Limítate a observar la imagen o la escena que se está desarrollando en tu pantalla mental, sin aplicar ningún juicio. Y permite que los sentimientos que albergas fluyan a través de ti mientras observas esta área o aspecto de tu vida. No juzgues estos sentimientos; solo deja que afloren.

Ahora, sé honesto: ¿cómo te gustaría resolver estos sentimientos? ¿Qué te haría sentir que tienes el control, empoderado, más conectado con esta área de tu vida en la que aún no has tomado la iniciativa?

La razón por la que has descuidado estos aspectos o áreas de tu existencia es que hay una parte de ti que no se siente capaz de manejarlos. Entonces es oportuno que llames al arcángel Miguel y le pidas que te guíe, te apoye y te muestre el camino en estos aspectos de tu vida. Mira cómo está de pie a tu lado, listo para ayudar. Observa cómo se arremanga y se prepara para ponerse manos a la obra. Escucha atentamente mientras te da instrucciones sobre cómo dar el primer paso para conectar con estas áreas y aspectos de tu vida.

No juzgues la simplicidad o complejidad de lo que te está diciendo; solo escucha y observa. Deja que te guíe de regreso al camino de la confianza y restaure tu fe en tu capacidad de llevar la vida que realmente deseas. Si aparece alguna emoción que experimentes como difícil o desafiante, pídele al arcángel Miguel que la maneje por ti. Después de todo, es su especialidad. Una vez que Miguel te haya dado instrucciones y te haya orientado en tus primeros pasos, respira hondo. Mientras respiras, vuelve a evocar la imagen de tu vida que has visualizado al principio de la meditación y observa si ha cambiado.

¿Es distinta de antes y te evoca sensaciones diferentes?

¿Qué emociones fluyen ahora a través de ti mientras observas esta imagen o escena?

No empieces a analizar; solo deja que tus emociones aparezcan y se vayan. Cuando hayas visto lo suficiente, permite que la imagen se disuelva, sabiendo que tú y el arcángel Miguel tenéis este asunto bajo control ahora. Tal vez no sea todo perfecto, y puede ser que necesites algún tiempo para sentirte cómodo, pero ahora estás encaminado en la dirección correcta. Haz una respiración especialmente profunda y relaja el cuerpo mientras le das las gracias a Miguel por venir y estar contigo hoy. Cuando se haya ido, relaja la respiración y vuelve a enfocar la conciencia en tu cuerpo y en la habitación en la que estás. Percibe cómo con cada respiración te anclas cada vez más en el cuerpo y la mente, la cual debería tener la precisión de un láser y estar alerta y lista para cualquier acción inspirada que implique liderazgo.

Cómo preparar un altar para el 111 y el arcángel Miguel y cómo trabajar con él

Entre todos los ángeles, Miguel es el más predominante en nuestra línea de tiempo actual. Muchas personas tienen ya un altar dedicado a él, puesto que es fácil conseguir estatuillas y velas que llevan incorporada su energía. El arcángel Uriel llama a Miguel el chico modelo de la nueva era, lo cual es divertido, pero cierto. De todos modos, si no tienes ningún artículo inspirado en Miguel en casa, no pasa absolutamente nada; no lo necesitas. Puedes usar cualquier vela, aunque a él le gustan las velas doradas, porque el oro evoca lujo y majestad. También puedes usar cualquier imagen de Miguel que desees para tu altar. Puede ser una carta sacada de una baraja oracular, una imagen impresa obtenida tras efectuar una búsqueda en Google, una pintura..., lo que sea que te atraiga. Lo más importante en cuanto a este altar es que en él haya algo que represente a Miguel, una vela y un papel en el que hayas escrito el número 111. La forma en que elijas decorar este homenaje a Miguel depende completamente de ti. Solo asegúrate de que la configuración de este altar sea coherente con la vibración de la energía que estás llamando, incluido el liderazgo, específicamente el liderazgo centrado en el corazón.

A continuación, escribe la declaración de tu intención, que deberá guardar relación con el tipo de liderazgo que sabes que debes asumir. Aquí tienes una muestra de declaración-oración (es solo un ejemplo): «Mi intención es dar un paso adelante en mi relación y hacerme cargo de todas las tareas con las que mi pareja tiene verdaderas dificultades. Reclamo mi lugar en la relación y entiendo que soy responsable de la energía que pongo en ella. Tengo la intención de permitir que Miguel esté a mi lado, me guíe y me oriente».

Cuando hayas preparado el altar, te recomiendo que lo rocíes con un aerosol limpiador o que agites el humo de una varita de hierbas sobre él. Esta operación limpiará y despejará el espacio y lo dejará listo para trabajar con la oración. A continuación, haz un par de respiraciones profundas, enciende la vela y concéntrate en la luz dorada de la llama. Contempla cómo esta energía dorada se hace grande, rodea el altar e incluso a ti mismo. Ahora, formula la declaración de tu intención en voz alta, empezando con estas palabras: «Invoco al arcángel Miguel y el poder del 111 para que escuchen mi intención y me ayuden a hacerla realidad de la manera más milagrosa. Que esta intención sea para mi mayor bien y para el bien de todos los que puedan estar implicados». Acto seguido, lee la declaración-oración que contiene tu intención: «Mi intención/oración es...». Asegúrate de emplear un tono autoritario y confiado, ya que estás reclamando la energía del liderazgo divino.

Para finalizar el ritual, puedes apagar la vela o dejarla encendida, si no hay peligro. Si eliges apagarla, di estas palabras antes: «Mientras apago esta vela, confío en que su humo lleve mi intención hasta los cielos para que el universo la manifieste. Estoy lista (o listo) para recibir lo que he pedido. Que así sea». A continuación, apaga la vela, soplando.

Ahora, tu tarea consiste en dar un paso adelante y posicionarte en las áreas de tu vida en las que debas tomar el mando, sabiendo que Miguel está caminando a tu lado, apoyándote e inspirándote el coraje que necesitas para seguir avanzando.

Actividad de escritura automática

Después de haber hecho tu trabajo con la oración, o incluso después de haber realizado la visualización, tal vez notarás que tu conexión con Miguel está abierta y que empiezas a recibir mensajes e información. Si te sientes motivado, saca tu cuaderno y aprovecha esta conexión. Pon este título en una página: «Charlas con Miguel y la energía vibratoria conocida como 111». A continuación, puedes comenzar a escribir, si estás más o menos habituado a llevar un diario. En caso contrario, puedes usar estas preguntas para empezar y familiarizarte con el proceso:

1. Miguel, ¿cómo sabré que estás cerca?
2. ¿En qué área de mi vida quiere el 111 que me concentre y por qué?
3. ¿Por qué temí, en el pasado, dar un paso adelante y reclamar mi lugar en ciertas áreas de mi vida?
4. ¿Qué puedo hacer hoy para estar más cerca de soltar mis miedos y resistencias?

5. ¿Cómo me ayudará hoy el hecho de sintonizar con la energía del 111?

Cristal angélico: el ojo de tigre

El ojo de tigre ayuda a alinear el cuerpo vibratorio, emocional, mental y físico para que pueda actuar con discernimiento. Promueve la acción enfocada y estratégica, como Miguel y el poder del 111. Esta es la piedra que necesitas cuando debas posicionarte en un área de tu vida. Armado con la energía del ojo de tigre, la vibración del 111 y el poder del arcángel Miguel, asumirás con confianza el liderazgo centrado en el corazón.

Para este ejercicio, sostén el cristal en tu mano dominante, que es la mano con la que escribes. Ciérrala, con el cristal en su interior, pero no aprietes demasiado. Haz un par de respiraciones profundas y, si lo sientes, también puedes cerrar los ojos, poco a poco. Mientras sostienes el cristal y permites que tu respiración se vuelva rítmica, recuerda un momento de tu vida en el que te sentiste valiente, como un momento en el que tu confianza fue mayor de lo normal e hiciste algo que te hizo sentir fuerte, al mando y empoderado. Eso que hiciste no tuvo por qué ser una gran cosa; solo estamos buscando un momento que te conecte con un sentimiento. Toma una instantánea de ese momento en tu mente y deja que los sentimientos bajen por tu brazo y lleguen al cristal que tienes en la mano. Al hacer esto, tal vez sientas un hormigueo en la mano, o que se calienta, o tal vez incluso que se enfría. Todo esto es normal. Sigue respirando rítmicamente y dejando que las emociones y sentimientos entren en el cristal.

Cuando sientas que el proceso ha concluido, abre la mano y pídele al arcángel Miguel que llene tu cristal, esta maravillosa pieza de ojo de tigre, con su energía y el poder del 111. Tal vez experimentes sensaciones en la piel, como si alguien soplara sobre ella o si unas plumas rozaran tu mano, o puede ser que no sientas nada en absoluto. Todo esto es normal; sigue respirando rítmicamente. Cuando sientas que Miguel ha terminado o te transmita una sensación de complicidad, cierra la mano una vez más, lleva el cristal a tu corazón y deja que la energía del cristal se fusione con la de este centro energético. Respira de forma lenta, profunda y relajada. Cuando te sientas más seguro o más en paz, o experimentes una sensación de alivio, puedes apartar la mano del corazón. Si tenías los ojos cerrados, ábrelos. Ahora, tu cristal de ojo de tigre está lleno de energía. Ponlo en tu bolsillo, en tu altar o en tu bolso o cartera. Úsalo como talismán cuando necesites sentirte lleno de fuerza y coraje.

Otros números asociados a la energía de Miguel

112 Una de tus relaciones necesita que des un paso al frente y tomes la iniciativa. Basta ya de permanecer de brazos cruzados esperando a que la otra persona resuelva este problema en particular. ¡La solución eres tú!, así que aplícala.

113 ¡Es hora de convocar una reunión social! Organiza una noche de cine en casa, una cena festiva, una noche en el teatro o una escapada de fin de semana. Sé tú quien reúnas a tus amigos para celebrar el lugar que ocupan en tu vida.

114 Una de las grandes virtudes de todos los líderes es la capacidad que tienen de crear un sistema o una estructura bien organizados que les permitan mantener un orden y, a la vez, fluir. Ahora es el momento de que crees un sistema o una estructura apropiados para ti.

115 Los líderes pueden cambiar con el viento. Son fluidos, flexibles y entienden que todas las cosas se mueven y cambian. Se te recuerda que debes doblarte con la brisa para que las tormentas que se avecinan no te partan.

116 Enseñamos a los demás cómo cuidar de sí mismos mostrándoles cómo cuidamos de nosotros mismos. Muestra el ejemplo que quieres que sigan los demás haciendo que el cuidado personal sea una prioridad para ti.

117 El conocimiento es poder y la sabiduría es fuerza. Haz que tu mente se mantenga aguda, profunda y abierta a nuevas ideas en todo momento.

118 Aprender a dominar tus sentidos te permite transitar por el mundo físico que te rodea. Sé consciente de lo que te dicen los cinco sentidos, pero no dejes que limiten tu potencial.

119 Los líderes siempre están pensando en qué tipo de legado duradero dejarán atrás, algo que permanecerá mucho después de que hayan abandonado su vehículo físico. Se te pide que pienses en la estela que estás dejando. Miguel te pregunta: «¿Cómo se te recordará?».

3

222 - ARCÁNGEL JOFIEL
Incorpora la energía de las llamas gemelas

El arcángel Jofiel te rodea
con sus alas mientras te insufla la energía
sanadora de las llamas gemelas.

Significado profundo del 222

En este momento, una de tus llamas gemelas está pensando en ti. No importa cuál; puede ser cualquiera de las múltiples que tienes. Lo importante en este momento es que juntos estáis creando un vórtice de energía a partir de la forma en que os sentís actualmente. Ahora mismo, ambos compartís un pensamiento, un sentimiento, un recuerdo, una porción de tiempo y espacio a la que solo vosotros dos podéis acceder. Pon la mano sobre el corazón y respira. Relájate poco a poco y siente cómo la energía se desplaza por tu pecho mientras inspiras y espiras. Deja que la respiración te calme, te apoye y te recuerde que no estás pasando por esta experiencia solo. El número angélico 222 te recuerda que compartes una conexión vibratoria con otro ser. Si en el momento en que has visto el 222 no te sentías particularmente feliz o no te encontrabas en un buen espacio mental, debes saber que tu llama gemela está abierta a compartir tu dolor y tu tristeza. El número angélico 222 te hace saber que no tienes por qué llevar tus cargas solo, ya que hay alguien que está más que feliz de ayudarte. Ese alguien respirará contigo y, de forma lenta pero segura, te llevará a un lugar en el que te sentirás mejor. El número angélico 222 te recuerda que eres amado y que recibes apoyo independientemente de cómo te sientas o lo que estés pensando. Cuando vemos el 222, también sabemos que el arcángel Jofiel está con nosotros, mostrándonos la belleza de nuestra experiencia e indicándonos que permitamos que haya más amor en nuestra vida. Suele ocurrir que nos cuesta menos dar amor que recibirlo, y esta es otra razón por la que estás viendo el número 222. Tu llama gemela no solo toma, sino que también da, sin esfuerzo; es como respirar. No es posible espirar permanentemente y no inspirar nunca. Cuando ves el 222, es indicativo de que te encuentras en la frecuencia del dar y el recibir, incluso si no eres consciente de ello. Tu llama gemela está conectando contigo a través del tiempo y el espacio para intercambiar energía.

El ángel Jofiel

El arcángel Jofiel es el ángel de la belleza y la creación. Tiene una conexión del tipo llama gemela con el arcángel

Metatrón, y juntos tienen mucho que enseñarnos sobre la energía de las llamas gemelas. He aprendido mucho de Jofiel sobre lo que esta energía significa y lo que no. Por un lado, esta energía no es romántica. Es una energía conectiva, y está imbuida de un amor profundo, un amor que supera con creces cualquier cosa que podamos limitar, controlar o etiquetar. Esto hace que sea una magnífica energía sanadora con la que trabajar. Gracias al trabajo con Jofiel he aprendido a abrirme a muchos tipos de relaciones amorosas. Ella me ha mostrado cómo opera la energía de las llamas gemelas y por qué es tan importante que la tengamos en nuestra vida.

Aquí, en el espacio sagrado que el 222 sostiene para ti, puedes tomarte un momento para dejar de hacer lo que estés haciendo, poner la mano sobre el corazón, respirar profundamente y pensar en alguien importante para ti y para quien sientes un amor profundo. Visualiza a esa persona sonriendo y feliz, y conserva esta imagen. A continuación, envíale un amor puro, completo, profundo y verdadero, carente de prejuicios. Solo necesitas hacer esto durante unas pocas respiraciones; la persona quedará impregnada con la energía de las llamas gemelas de Jofiel, que es preciosa y sanadora.

Es importante entender que las llamas gemelas no son mitades de nada. Su propósito no es completarnos ni llenar ningún vacío que percibamos en nuestra vida. Todo lo contrario; nuestras llamas gemelas son potenciadoras: nos ayudan a sostener nuestra chispa al vernos completos y con un amor incondicional que solo una llama gemela puede tener. No hay nada que puedas hacer, tener, ser o decir que pueda reducir tu valía, tu propósito o tu razón de ser a ojos de tu llama gemela.

La energía de las llamas gemelas y el poder del 222 te hacen saber que estás sincronizado con una de tus llamas gemelas. Ambos pensáis y sentís cosas semejantes en momentos similares. Tienes una conexión increíble con otro ser, de tal manera que las experiencias de uno tienen eco en la vida del otro. Es casi como si os hubieran separado al nacer en otra dimensión, y ahora, de alguna manera, hubieseis convergido aquí en este plano, al mismo tiempo, para mantener el corazón del otro bien abierto.

Aunque tenemos muchas llamas gemelas en el plano físico, también tenemos llamas gemelas que no están encarnadas físicamente, lo cual significa que no importa con qué llama gemela te conectes cuando el 222 entre en tu experiencia. Jofiel quiere que pienses en ello de esta manera: imagina que estás en un salón de espejos; dondequiera que mires, te ves a ti mismo. No solo ves la mitad de ti, sino que te ves entero, porque no eres la mitad de una persona ni la mitad de una energía. Sin embargo, también sabes que esas imágenes no son tú, aunque tengan el mismo aspecto que tú. Hay una sensación de familiaridad, pero al mismo tiempo hay una diferencia. Esta es la impresión que causa una llama gemela, dice Jofiel. Es similar a uno mismo pero diferente de uno mismo, tanto si se encuentra en el ámbito de las formas como si no; esto no es significativo, porque no es la persona lo relevante, sino el sentimiento, la vibración y la conexión.

Por eso, podemos conectar con una llama gemela incluso si ha abandonado el traje físico hace mucho tiempo o si nunca ha encarnado físicamente. En este momento, con solo leer este capítulo, estás conectando con la energía de las llamas gemelas de los ángeles. Desde el momento en que has tomado este libro y has comenzado a leerlo, te has dejado invadir por la energía angélica de las llamas gemelas. Todo lo que has tenido que hacer ha sido decidir pasar las páginas de este libro, obedeciendo más a una sensación que a un pensamiento; incluso se podría decir que has tenido un destello de inspiración, muy parecido al poder del 222.

Visualización/meditación de Jofiel: ábrete al poder sanador de la energía de las llamas gemelas

Con esta meditación guiada, podrás conectarte con la energía angélica de las llamas gemelas, que es sanadora. No existe una forma correcta o incorrecta de experimentar esta energía; se muestra de manera diferente a cada persona. Mientras realizas la meditación, tal vez experimentarás sensaciones en el cuerpo, calor, frío o incluso como si algo o alguien te estuviera tocando la cara y la cabeza. O acaso verás colores, o tus sentidos se agudizarán. También cabe la posibilidad de que no sientas nada la primera vez que hagas la meditación, o incluso la segunda o tercera vez. Solo debes saber que independientemente de lo que te suceda o no, Jofiel estará ahí contigo, acunándote entre sus alas e impregnando tu cuerpo vibratorio con la fuerza sanadora de la energía de las llamas gemelas.

Asegúrate de hacer esta meditación en un lugar tranquilo y en el que no te vayan a molestar. Si sientes el impulso de hacerlo, puedes encender dos velas rosas, que deberán permanecer encendidas durante toda la meditación; acuérdate de apagarlas cuando hayas terminado. Puedes grabar este guion y escucharlo para poder cerrar los ojos, o puedes mantener los ojos abiertos y leerlo. En cualquiera de los casos, conectarás con la energía y será beneficiosa para ti. Por lo tanto, haz lo que te resulte más cómodo.

Empecemos.

Haz una respiración especialmente profunda inspirando por la nariz y espirando por la boca, y otra, tomando de nuevo el aire por la nariz y expulsándolo por la boca. Extiende la respiración, haciendo que el aire llegue más profundamente al interior de los pulmones. Mientras tu pecho se expande, relaja los hombros y siente cómo la tensión abandona poco a poco el cuello y la espalda; percibe cómo esta ola de relajación baja por la columna y alivia la tensión en el coxis, las caderas, las piernas, las rodillas, los tobillos y los dedos de los pies. Haz otra inspiración especialmente profunda y espira cualquier resistencia por la boca.

Ahora que estás más relajado, respira a través del corazón entendido como centro energético; inspira por la nariz y espira por el corazón, expandiendo este centro poco a poco pero sin cesar. Si experimentas alguna molestia, reduce el ritmo de la respiración y respira más hondo, pero no más rápido. Mientras el centro energético del corazón se está expandiendo, enfócate en la luz que emana del chakra del corazón. Con cada espiración, observa cómo esta luz se expande cada vez más. Haz una respiración suave, lenta y profunda, dejando

222 - Arcángel Jofiel

que la luz se expanda hasta rodear tu cuerpo. Quedas dentro de una hermosa burbuja protectora.

Pídele ahora al arcángel Jofiel que entre en tu conciencia mientras sostiene suavemente esta burbuja protectora en sus brazos, acunándoos a ti y a la energía de tu corazón.

Cuando sus manos entran en contacto con esta hermosa burbuja protectora, le infunde el poder sanador de las llamas gemelas. Este acto puede hacer que el color de tu burbuja protectora cambie, o puede seguir siendo el mismo. Puede hacer que la burbuja brille y lance chispas y destellos. Cada vez que inspiras, incorporas esta energía. Con cada respiración lenta y profunda, esta hermosa energía sanadora de las llamas gemelas entra en tu cuerpo. Siente cómo, al inspirar, esta energía toca la parte posterior de la garganta, entra en los pulmones, expande la cavidad torácica y desciende hasta el vientre y la parte inferior del abdomen. Siente cómo esta energía te impregna las caderas y baja por las piernas, hasta los pies y los dedos de los pies.

Haz otra respiración especialmente profunda para seguir incorporando la energía sanadora de las llamas gemelas y siente cómo baja por los brazos, pasa por los codos y entra en las muñecas y los dedos. Siente cómo esta energía —esta energía sanadora procedente de la Fuente que el arcángel Jofiel te está transmitiendo— baja por el cuello, los hombros y la espalda, hasta la base de la columna y a través de las nalgas. Haciendo otra respiración muy profunda, percibe cómo esta energía sanadora sube hasta la boca, los dientes, la lengua, las encías y las mejillas; y llega a los oídos, los senos nasales, los ojos y el tercer ojo, hasta que sale por la parte superior de la cabeza.

Extiende las manos con las palmas hacia arriba para que esta energía pueda irradiar a través de ti. Al no estar bloqueado, esta corriente de energía pasa por las plantas de los pies y las palmas de las manos, y sale por la parte superior de la cabeza. Ahora, respira hondo y permite que esta energía entre en cada célula de tu cuerpo. Inspira la energía por la nariz y espira cualquier resistencia que puedas albergar para aceptarla en tu ser. Permite que esta energía de las llamas gemelas te infunda amor, apoyo, orientación y un sentido de pertenencia. Respirando aún más profundamente ahora, hundiéndote cada vez más en los brazos de Jofiel, siente que flotas mientras ella te acuna y te ofrece esta sanación. Solo respira, relájate y permite.

Si hay algo que quieras entregar o darle al ángel, ahora es el momento de soltarlo. Envíalo a través de tu corazón. Observa cómo ese algo, dentro de la burbuja protectora, sube flotando y llega a las manos de Jofiel. Permítele que lo saque de tu aura, es decir, del campo de energía que rodea tu cuerpo, de una vez por todas. Haciendo otra respiración profunda, deja que eso se vaya y relájate. A continuación, pídele a Jofiel que termine su trabajo de sanación y que, para acabar, limpie cualquier espacio del campo áurico que, a causa de algún bloqueo, no sea permeable a la energía de las llamas gemelas. Además, pídele que quite de la línea de arco cualquier cosa que ya no te sea útil. (La línea de arco es el espacio del campo áurico que va desde un hombro hasta el otro, pasando por encima de la cabeza). Cuando haya finalizado, dale las gracias por haberse presentado y haberte ofrecido esta sanación angélica.

Respira profundamente ahora y, con cada inspiración, devuelve la energía a tu cuerpo. Incorpórala toda por medio de respiraciones lentas, constantes y profundas. Con cada respiración, te vuelves más y más consciente de tu cuerpo físico. Cada vez estás más anclado en el cuerpo, alerta y atento. Haz otra respiración profunda y trae tu conciencia de vuelta a este espacio y a este momento. Tu mente está aún más enfocada. Después de realizar una última respiración lenta y constante, abre los ojos, mueve los dedos de los pies y haz movimientos circulares con los hombros.

Cómo preparar un altar para el 222 y el arcángel Jofiel y cómo trabajar con él

Entre todos los ángeles, Jofiel es la chica más femenina de todos. No es muy frecuente que me arriesgue a otorgar un género a la energía vibratoria, pero Jofiel no tiene ningún problema en ser la chica rosa y brillante del reino angelical. Dicho esto, si no se te presenta bajo este aspecto, no pasa absolutamente nada. A mí se me presenta de esta manera, y también se ha presentado así a la mayoría de las personas con las que he trabajado a lo largo de los años. Ten en cuenta que no todos los ángeles se manifestarán bajo la forma en que los he presentado en este libro, y Jofiel no es una excepción. Sin embargo, no te sorprendas si al preparar el altar para ella y la energía del 222 acaba por predominar el color rosa. Esta es la manera que tiene de abrir tu corazón y, de forma lenta y sutil, traer las vibraciones del chakra del corazón a tu vida e insuflarlas en tu energía. Ha sido a través de Jofiel como he sabido cuál es el verdadero poder sanador del color rosa, y créeme si te digo que ni en un millón de años habría pensado que tendría algo rosa. Ahora hay destellos de rosa por todas partes en mi casa, en mis altares y en mi armario. Trabajar con la energía de las llamas gemelas consiste en incorporar esta energía. Jofiel lo hace a través de sus opciones en cuanto al color, que son principalmente todos los tonos de rosa.

Lo que necesitarás para tu altar dedicado a las llamas gemelas es una imagen de Jofiel, una vela rosa, el 222 escrito en un papel rosa, un poco de sal, una pizca de tierra, algunas plumas y tantas cosas brillantes como puedas tolerar. También será oportuno que redactes una oración o la declaración de una intención para Jofiel y el 222. Podrías escribir, por ejemplo: «Jofiel, permito que me alinees con mi energía de las llamas gemelas. Te permito que abras mi corazón lenta y amorosamente y me bañes con el amor de las llamas gemelas».

Una vez que hayas elaborado el altar, te recomiendo que lo rocíes con un aerosol limpiador o que le pases por encima, una vez, el humo de una varita de hierbas de tu elección. Esta operación ayudará a despejar el espacio en los planos mental, físico y espiritual, y lo dejará listo para trabajar con la oración.

Cuando el altar esté preparado y a punto, respira hondo un par de veces, enciende la vela y formula la declaración de tu intención en voz alta, empezando con estas palabras: «Invoco al arcángel Jofiel y el poder del 222 para que escuchen mi intención y me ayuden a hacerla realidad de la manera más amorosa. Que esta intención sea para mi mayor bien y para el bien de todos los que puedan tener que ver con que esta intención se materialice». Acto seguido, lee la declaración-oración que contiene tu intención: «Mi intención/oración es...». Para finalizar el ritual, puedes apagar la vela o dejarla encendida, si no hay peligro. Si eliges apagarla, di estas palabras antes: «Mientras apago esta vela, confío en que su humo lleve mi intención hasta el cielo para que el universo la manifieste. Estoy lista (o listo) para recibir lo que he pedido. Que así sea». A continuación, apaga la vela, soplando.

Ahora que has lanzado tu hechizo u oración, debes permanecer abierto y alerta. Sé que lo que voy a decir parecerá una tontería, pero el caso es que empezarás a ver más el color rosa aquí y allá, y esto, junto con el número 222, te hará saber que estás sanando tu corazón, abriendo tu conexión con las llamas gemelas y sintonizando con un amor más profundo.

Actividad de escritura automática

Después de haber hecho tu trabajo con la oración, o incluso después de haber realizado la visualización, notarás que tu conexión con Jofiel está más abierta y que empiezas a recibir mensajes e información. Si te sientes motivado, saca tu cuaderno y aprovecha esta conexión. Pon este título en una página: «Charlas con Jofiel y la energía vibratoria conocida como 222». Como estás tratando con Jofiel, es posible que te sientas muy atraído por los bolígrafos brillantes; si este es el caso, úsalos. Si has trabajado con Jofiel en el pasado, tal vez estés listo para escribir con ella como si lo hicieses en un diario y ver qué mensajes relacionados con las llamas gemelas tiene para ti; alternativamente, puedes usar las preguntas siguientes para empezar y armonizarte más con la energía de Jofiel:

1. Jofiel, ¿cómo sabré que estás cerca?
2. ¿En cuál de mis llamas gemelas quiere el 222 que me enfoque y por qué?
3. ¿Por qué he tenido dificultades, en el pasado, para establecer una relación saludable con mi energía de las llamas gemelas?
4. ¿Qué puedo hacer hoy para estar más cerca de soltar mis miedos y resistencias?
5. ¿Cómo me ayudará hoy el hecho de sintonizar con la energía del 222?

Cristal angélico: el ametrino

Este cristal insufla la vibración de dos piedras diferentes, la amatista y el citrino, y las fusiona en una. Contiene la vibración perfecta de dos seres que comparten una experiencia. Esta es la razón por la que el ametrino reúne la vibración del 222 y la energía del arcángel Jofiel.

Los materiales mágicos que necesitarás para este ejercicio son una pieza de ametrino que puedas llevar en el bolsillo, dos billetes o monedas de dólar,* un papel (un pósit es apropiado) y un marcador rosa o un bolígrafo de tinta gel. Escribe el número 222 en el papel, tan grande

---

* N. del T.: La edición original de este libro es de Estados Unidos; cabe suponer que también deben de servir dos monedas de euro, etc.

como puedas; haz que ocupe todo el espacio. A continuación, ponlo donde puedas verlo. Seguidamente, agarra el ametrino y los dos dólares. Si tienes los dólares en billetes, envuelve el cristal con el dinero. Si los tienes en monedas, sostenlos junto con el cristal en tu mano no dominante, que es aquella con la que no escribes. Pon el ametrino y el dinero sobre tu corazón y observa el número 222, escrito en grandes letras de color rosa. Relájate y respira más profundamente. Acto seguido, di esta breve oración:

Querido(a) Jofiel:

Ven a mí. Bendíceme con tu energía y enséñame cómo abrir mi corazón a mis llamas gemelas. Insufla el poder del 222 en este cristal para que pueda tener tu bendita vibración cerca de mí en todo momento. Conecta mi dinero con el de mis llamas gemelas para que sepa que cuando llevo estos billetes o monedas conmigo estoy duplicando mis bendiciones. Abre mis ojos a la belleza de mi vida y guíame hacia mi próxima conexión con una llama gemela. Ángel divino, te honro y estoy a tu servicio. Gracias por estar aquí conmigo ahora. Como es arriba, es abajo.

Deshazte del papel y lleva el cristal contigo cuando necesites sentir la conexión con el poder del 222 o quieras invocar el poder de las llamas gemelas de Jofiel. Mete los billetes o las monedas en tu bolso, monedero o billetera y llévalos contigo durante unos siete días. Después gástalos, liberando así la energía de las bendiciones de las llamas gemelas en el mundo. Puedes hacer este ejercicio en cualquier momento que quieras recordar lo bendecido que estás o cuando desees incorporar en mayor medida este tipo de bendición al ámbito de los negocios.

¿Quieres potenciar tu cristal de las llamas gemelas? ¡Por supuesto que sí! Con este fin, pon tu ametrino en el alféizar de la ventana cuando te vayas a la cama y déjalo ahí hasta la hora del almuerzo del día siguiente. Esta medida tan simple asegurará que tu cristal esté máximamente cargado con la energía lunar y la solar.

Otros números asociados a la energía de Jofiel

220 Una de tus llamas gemelas te está sintonizando con una nueva oportunidad centrada en el corazón.

221 Una de tus llamas gemelas te está instando a asumir más un rol de mentor con alguien de tu comunidad o tu lugar de trabajo. Permanece abierto.

223 Es hora de que se manifieste la llama gemela. Tu energía manifestadora tiene el doble de poder, así que sé muy consciente de tus pensamientos, ya que lo que repita tu mente lo creará dos veces.

224 Una de tus llamas gemelas quiere que hagas una pausa en lo que estés haciendo y pienses, ahora mismo, en cuatro cosas que constituyan una bendición para ti. Dilas en voz alta para poder atrapar la energía del momento.

225 Una de tus llamas gemelas está generando un cambio positivo en tu vida. Presta atención a lo que esté yendo bien hoy, ya que es indicativo de que se avecina un fluir aún más positivo.

226 Haz una pausa en lo que estés haciendo, pon la mano sobre el corazón y di: «Te amo».

227 Una de tus llamas gemelas está preparando la oportunidad de aprender algo nuevo. Esta fuente de sabiduría podría proceder de cualquier parte, así que permanece atento.

228 Dile a tu cuerpo que lo amas y que amas su capacidad de conectarse con tus llamas gemelas. Respira, percibiendo claramente cómo entra y sale el aire de tu cuerpo.

229 Está llegando a su fin un ciclo kármico con una de tus llamas gemelas. Estate atento a los finales y no intentes detener el final de esta energía.

4

333 - ARCÁNGEL HANIEL
Permite que tu corazón sea la música de tus oídos

*El lenguaje del corazón es mucho más divertido
que la mayoría de las palabras que oyes
con tus oídos. Escucha los latidos, sigue el
ritmo y baila hasta elevar tu vibración.*

Significado profundo del 333

El número angélico 333 te recuerda que tus oídos, lo que estás oyendo y los sonidos que hay a tu alrededor deben estar en armonía con el lenguaje de tu corazón. El corazón tiene una melodía alegre y juguetona, que fluye con un ritmo natural y constante. Se nutre de un lenguaje positivo, optimista y que exprese autoconfianza. El corazón no conoce los límites y no comprende el lenguaje de la carencia, el miedo, la duda, la culpa o la vergüenza, hasta

89

el punto de que se contrae automáticamente cuando estas palabras vibran a través de tu voz. El número angélico 333 es el empujón que necesitas para volver a mantener un diálogo más amoroso y compasivo contigo mismo y con los que te rodean.

El arcángel Haniel quiere volver a conectarte con tu alegría, tu bienestar y, sobre todo, tu amor profundo, verdadero e incondicional por la vida. Muchos de nosotros vivimos momentos en los que amamos nuestra vida. Vivimos momentos que desearíamos que duraran para siempre y momentos que consideramos demasiado buenos para ser reales. El arcángel Haniel quiere que sepas que no existe el «demasiado bueno para ser verdad», y si no paras de ver el 333, desea que busques esos momentos, aquellos a los que pensabas que solo tenías derecho de vez en cuando. Quiere que los mantengas cerca del corazón, que los polarices en tu mente y que los conviertas en el lenguaje que tu corazón aprenda a buscar. Quiere que entiendas que estos momentos «demasiado buenos para ser reales» son los verdaderos momentos de tu yo divino. No existen de forma limitada, ya que el límite es una creencia y una invención de la mente. El corazón, sin embargo, no conoce límites. El número angélico 333 te recuerda que la alegría no es algo que solo se da a quienes la merecen o a quienes sienten que es su turno de experimentarla. Es un estado ilimitado al que puedes acceder cuando y donde quieras. Es tuyo, así que tómalo.

El arcángel Haniel dice que todo comienza con lo que escuchas. ¿Qué hay en tus oídos? ¿Cuáles son las palabras que escuchas y las que dices? El vórtice vibratorio del lenguaje que te rodea establece la pauta de todo lo que experimentas. Haniel y el 333 te dicen: «Escucha, escucha de verdad y presta atención. ¿Qué melodía tiene tu vida? ¿Qué canción se repite constantemente? ¿De veras estás prestando atención a cómo esta canción está creando el mundo en el que te implicas?». Es curioso que, como humanos, necesitemos que nos señalen este tipo de cosas. A menudo es necesario que nos las señalen repetidamente, porque, como ocurre con los números que se repiten, necesitamos ver las cosas con frecuencia antes de que nos demos realmente cuenta de ellas. Cuando aparezca en tu vida el 333, debes saber que es hora de que encuentres cosas que te hagan sonreír y mover las caderas. Asegúrate de aprovechar cada oportunidad de experimentar alegría que se cruce en tu camino. Sintoniza con la radio de tu corazón y deja que sea tu guía. Encuentra la emisora que te haga vibrar, aliente tu alma y te introduzca en la corriente de la ilimitada felicidad divina que está ahí para que la tomes.

El ángel Haniel

El arcángel Haniel está conectado con el planeta Venus, que es la gran diosa del amor, la belleza, el placer y, por supuesto, la alegría. En muchos aspectos, Haniel es el arcángel que nos ayuda a conectar con lo que significa encarnar el amor divino y la alegría divina. Esto significa poder conectar estos conceptos intangibles a algo tangible, como el cuerpo físico; por eso a ella le gusta estar conectada con la música. No hay nada que nos conecte con el propio cuerpo como lo hace la música. La música nos conmueve. Tiene la capacidad de llenarnos, transformar nuestro estado de ánimo, hacernos brillar más y alterar nuestro estado emocional. Cuando pensamos en la conexión de Haniel con la Diosa del amor, tiene sentido que quiera que tengamos mucho cuidado con la forma en que nos nutrimos. Como todas las buenas madres, solo desea que tengamos lo mejor; por eso le gusta mandarte esos 333 a modo de recordatorio. Básicamente son grandes gritos que dicen: «¿Cómo estás alimentando tu mente, tu corazón y tu alma hoy, querido?».

Las palabras tienen poder, y nadie es más consciente de ello que Haniel. Ella también sabe que tu mente aceptará todo lo que le digas, así que cuéntale cosas buenas y bonitas. Dile lo mismo que le dirías a alguien a quien ames de verdad, profundamente. Esta es una manera fantástica de pensar sobre lo que nos permitimos escuchar. Por ejemplo, ¿te gustaría que alguien a quien amas solo escuchara palabras que lo desalentaran y menospreciaran? Desde luego que no. Si vieras que alguien a quien amas se ataca a sí mismo una y otra vez, harías todo lo que estuviera en tu mano para que se detuviera. Bueno, pues piensa en Haniel y el 333 como un recordatorio para que dejes de castigarte. Ella quiere que, en lugar de eso, encuentres algo bueno que escuchar; algo que te haga revivir, te traiga paz y te permita fluir con el ritmo divino del tambor del amor del universo. Haniel quiere saber qué hay en tu corazón; está muy interesada en lo que tiene que decir. Quiere saber cómo late y qué tipo de cosas lo hacen sentir vivo.

El arcángel Haniel sabe lo a menudo que los seres humanos rehuimos las experiencias hermosas y amorosas a través de las palabras que decimos. Nos cuestionamos a nosotros mismos y a cualquier otra persona involucrada y comenzamos a dudar de que necesitemos ciertas cosas que nos han dicho que son frívolas o innecesarias, aunque nuestro corazón las desee y sean coherentes con su lenguaje. Las lecciones de Haniel pueden ser complicadas; para mí lo han sido. Yo, por mi parte, había sido fuertemente programada para considerar solo los elementos esenciales de la vida socialmente aceptables. A través de ella aprendí que lo que un corazón considera esencial no es lo que el corazón de otra persona considera esencial. En otras palabras: lo que hace que tu corazón cante no hará cantar al corazón de otra persona, porque todos deseamos cosas diferentes. Esta es realmente la lección del 333: tener lo que quieres al escuchar tu corazón abre la puerta a que otros también escuchen su corazón y tengan lo que desean. No tener lo que queremos y no escuchar nuestro corazón significa enseñar a los demás que también deben ignorar la música de su corazón. Esta es otra lección angélica sobre la expansión y la contracción. O estamos cocreando en expansión o estamos cocreando en contracción. ¿No sería maravilloso que todos pudiéramos cocrear en expansión? Podemos practicarlo ahora mismo: escucha tu corazón, encuentra su canción y baila para abrirte camino hacia una vida llena de belleza que sea perfecta y adecuada para ti.

Visualización/meditación de Haniel: sintoniza con el espíritu positivo

Con esta meditación guiada conectarás con el arcángel Haniel y la energía vibratoria del 333. No existe una forma correcta o incorrecta de experimentar esta energía; se muestra de manera diferente a cada persona. Mientras realizas la meditación, tal vez experimentarás sensaciones en el cuerpo, calor, frío o incluso una sensación de hormigueo en la cabeza o como si algo o alguien te estuviera tocando la cara. O acaso verás colores, o tus sentidos se agudizarán. También cabe la posibilidad de que no sientas nada la primera vez que hagas la meditación, o incluso la segunda o tercera vez. Independientemente de lo que te suceda o no, debes saber que Haniel estará ahí contigo y mantendrá un espacio sagrado para que explores todo lo que surja durante el rato que estaréis juntos, enfocados y sosteniendo una intención. Asegúrate de hacer esta meditación en un lugar tranquilo y en el que no te vayan a molestar. Necesitarás una vela rosa, ya que este color se corresponde con el corazón, la cual deberá permanecer encendida durante toda la meditación. Esta vela te ayudará a concentrarte y a asentar la mente tanto al principio como al final de esta actividad. Acuérdate de apagarla cuando hayas terminado. Puedes grabar este guion y escucharlo para poder cerrar los ojos, o puedes mantener los ojos abiertos y leerlo. En cualquiera de los casos, conectarás con la energía y será beneficiosa para ti.

Para esta meditación, deberás elegir una pieza musical que te parezca motivadora e inspiradora. Escoge esta canción por sus palabras; deben ser positivas, afirmadoras de la vida y empoderadoras. Si te cuesta encontrar una canción que no tenga una letra triste, enojada o impregnada por el miedo, escoge un mantra en su lugar. Hay muchos para elegir tanto en Spotify como en YouTube. El que yo recomendaría sin lugar a dudas es *Guru Ram Das*, cantado por White Sun. Una vez que hayas escogido la canción o el mantra, dale al *play* y haz que la pieza suene en bucle mientras enciendes la vela rosa y te acomodas para meditar. Concéntrate en la llama y escucha la letra de la canción mientras haces respiraciones largas, lentas y profundas. Mientras respiras, deja caer los hombros y siente que la tensión desaparece del cuello y la parte superior de la espalda. Observa la llama de la vela mientras respiras y permítete relajarte tanto como puedas, dejando que la música y las palabras de la canción o el mantra suenen de fondo y te cambien la energía. Una vez que te sientas bien y concentrado, relajado y asentado en el momento, deja que tu mente pase a enfocarse en la música. Escucha activamente las palabras. Siente el ritmo. Deja que tu cuerpo se impregne de él; puedes permitirte balancearte ligeramente. No dejes que tu mente se desvíe de la canción; tú también puedes cantarla si esto te ayuda a no dispersarte. Escucha la canción dos o tres veces de esta manera; a continuación, vuelve a enfocarte en la llama. Haz respiraciones largas, lentas y profundas mientras regresas al momento y a la estancia. Percibe la pesadez de tu cuerpo mientras estás sentado en el cojín de meditación o en una silla. Cuando te sientas listo para levantarte y proseguir con tus actividades del día, apaga la vela, soplando, y también la música.

Esta sencilla meditación, que en realidad es una actividad de escucha intencional, te conectará con la energía del 333 y el arcángel Haniel. Te conducirá a un estado de alegría y aportará brillo a tu aura.

Cómo preparar un altar para el 333 y el arcángel Haniel y cómo trabajar con él

La finalidad de este altar es que concentres tu energía cuando sepas que es hora de abrirte a la alegría, el amor y la diversión. Tal vez incluso quieras restablecer tus vibraciones trabajando intencionalmente con el 333. Traer la energía del 333 y el arcángel Haniel te ayudará a sostener el espacio para una mayor presencia del juego en tu vida. Una vez que hayas encontrado una imagen de Haniel para ponerla en tu altar, escribe el número 333 y una oración personal para ella en una hoja de papel. Puedes escribirlo a mano, incluso con una caligrafía elegante, o puedes escribirlo en un ordenador e imprimirlo; la elección es tuya. Este es un espacio personal, y deberías decorarlo de una manera que tú sientas apropiada. Otros elementos que quizá quieras poner en tu altar son flores, cristales, sal, agua y tierra. Y, por supuesto, necesitarás una vela. Lo preferible es que pongas una vela rosa, pero siempre puedes poner una blanca si no encuentras velas rosas. Asegúrate de hacer el altar en un lugar en el que ninguna persona o animal vaya a alterarlo mientras lo usas activamente. Depende de ti, exclusivamente, la cantidad de tiempo que vas a estar trabajando con el altar; tal vez sientas que solo necesitas recitar tu oración una vez, o tal vez sientas que debes hacerlo durante diez días. Tú decides.

Una vez que hayas elaborado el altar, te recomiendo que lo rocíes con un aerosol limpiador de espacios o que le pases por encima, una vez, el humo de un atado de hierbas. Puedes probar con romero, lavanda y rosa, que están muy en sintonía con el chakra del corazón. Esta operación física ayudará a limpiar el espacio desde el punto de vista mental y energético y lo dejará listo para trabajar con la oración o hechizo.

Cuando el altar esté listo, haz un par de respiraciones lentas y profundas, enciende la vela y formula la declaración de tu intención en voz alta, empezando con estas palabras: «Invoco al arcángel Haniel y el poder del 333 para que escuchen mi intención y me ayuden a hacerla realidad de la manera más armoniosa. Que esta intención sea para mi mayor bien y para el bien de todos los que puedan estar implicados en la creación de esta intención». Acto seguido, lee la declaración-oración que contiene tu intención: «Mi intención/oración es...».

Para finalizar el ritual, puedes apagar la vela o dejarla encendida, si no hay peligro. Si eliges apagarla, di primero estas palabras: «Mientras apago esta vela, confío en que su humo lleve mi intención hasta el cielo para que el universo la manifieste. Estoy lista (o listo) para recibir lo que he pedido. Que así sea». A continuación, apaga tu vela rosa, soplando, y agarra tu cuaderno para realizar la actividad de escritura automática.

Actividad de escritura automática

Después de haber hecho tu trabajo con la oración, o incluso después de haber realizado la visualización, notarás que tu conexión con Haniel está abierta y que empiezas a recibir mensajes e información. Estos pueden venir en forma de palabras sueltas, oraciones o incluso un conocimiento interior, o, como estás trabajando con Haniel y la música, incluso pueden llegar en forma de canción, que sonará en tu cabeza una y otra vez. Si te sientes motivado, saca tu cuaderno y aprovecha esta conexión. Pon este título en una página: «Charlas con Haniel y la energía vibratoria conocida como 333». Si estás acostumbrado a llevar un diario, empieza a escribir, ya que sabrás cómo recibir la información a medida que fluya desde el número 333 y el arcángel Haniel. Si nunca has llevado un diario, puedes usar estas preguntas para iniciar el proceso:

1. Haniel, ¿cómo sabré que estás cerca?
2. ¿Cómo puedo experimentar gozo hoy?
3. ¿Por qué me ha costado, en el pasado, traer la energía del gozo, la diversión y el juego a mi vida?
4. ¿Cómo puedo deponer mi resistencia al ánimo lúdico y permitirme entrar en la corriente de la abundancia, la alegría y el amor?
5. ¿Cómo me ayudará hoy el hecho de sintonizar con la energía del 333?

Es posible que estas preguntas te lleven a fluir con la escritura y que antes de que te des cuenta las hayas dejado atrás. Apóyate en el proceso, confía en que Haniel está guiando tu mano y no intentes encontrarle lógica a nada que surja inicialmente.

Cristal angélico: el rubí

El rubí está conectado históricamente con la riqueza, la belleza y la realeza. Su coloración roja hace que esté asociado con el chakra raíz, pero también lo está con el chakra del corazón, lo cual hace que sea una piedra fantástica con la que trabajar cuando se trata de encarnar la energía del corazón, que tiene que ver con la abundancia. El rubí puede ayudarte a soltar tu resistencia a recibir y permitirte estar más abierto a vivir una experiencia basada en el corazón. Para este ejercicio, vamos a llenar con esta energía tu rubí, ya sea una pieza bruta o pulida. Con este fin, necesitarás un rubí, un papel, un bolígrafo, una vela roja para la pasión y el deseo y un calendario lunar. Necesitarás un calendario lunar porque realizarás este ejercicio bajo la energía de la luna nueva o al menos dentro de los dos días y medio de la fase de luna nueva.

Escribe el número 333 en la parte superior del papel y algunos de los deseos de tu corazón en forma de lista debajo del número. No tienes que escribir todo lo que haya en tu corazón, ya que puedes hacer este ejercicio una vez al mes si quieres. Por ahora, intenta que tu lista contenga entre cinco y diez deseos. Debe tratarse de deseos reales y verdaderos, deseos que ardan con el calor, la pasión y la intensidad de la vela roja. Aquí no hay lugar para el realismo o las limitaciones. Tu rubí, el 333 y Haniel desconocen los conceptos de límite y de duda. Así que adelante. Podría resultarte útil tener el rubí en la mano y a continuación ponerlo sobre tu corazón mientras respiras unas cuantas veces para abrirte a escuchar lo que dice tu corazón, y no tu cabeza. No tengas prisa; permanece sentado haciendo esto todo el tiempo que necesites. Cuando tu lista esté completa, envuelve el rubí con el papel y ponlo en tu altar dedicado a Haniel y el 333. Ahora, enciende la vela roja y llama al arcángel Haniel. Pídele que insufle los deseos de tu corazón en el cristal y que abra tus oídos a los pasos que tendrás que dar y las puertas que se abrirán para que cumplas estos deseos. Pídele al poder del 333 que se manifieste para recordarte tu intención de permanecer siempre conectado con la frecuencia de estos deseos del corazón.

Cuando hayas finalizado el ritual, puedes dejar la vela encendida si no hay peligro; en caso contrario, puedes apagarla, soplando. Deja el cristal en el altar, hasta que la fase de luna nueva haya concluido; después deshaz el envoltorio y llévalo en el bolsillo, el sujetador o el bolso. Este rubí es ahora tu referente en cuanto al poder vibratorio del 333 y te recordará al ángel Haniel, quien camina al ritmo de tu corazón. Cuando los deseos de tu corazón se hayan cumplido, podrás «reiniciar» la piedra. Para hacerlo, empieza por limpiarla poniéndola sobre un ladrillo de sal, pasándole un poco de humo de salvia o palo santo, o incluso dejándola bajo la luna llena. Una vez que la hayas limpiado, estará preparada para que la llenes de nuevo con tu próxima lista de deseos del corazón.

Otros números asociados a la energía de Haniel

330   ¿Puedes encontrar la alegría en las cosas que aún no se han manifestado? Este número te pide que hagas precisamente esto. Imagina todo lo que está en camino para ti y experimenta gozo al saber que tus ángeles te lo traerán en algún momento en el futuro.

331 Encontrar alegría en aquello que haces bien contribuye a tu vórtice de manifestación. Cuanto más combines la alegría y el éxito, más tendrás.

332 Dile a tu cónyuge, tu pareja o tu mejor amigo cuánta alegría aportan a tu vida. Regala alegría a través del acto de amar y expande las buenas vibraciones.

334 Tómate un momento para encontrar alegría en los pequeños aspectos mundanos de la vida diaria que a menudo se pasan por alto. Puede ser fácil dar cosas por sentadas y olvidar que juegan un papel en el gran puzle que llamamos vida. Hoy, reconoce las piezas que conforman tu día y alégrate de que estén ahí.

335 Es hora de que escuches el alegre ritmo del cambio mientras sopla suavemente a lo largo del día. Este cambio no será grande, tal vez ni siquiera lo advertirías en circunstancias normales, pero está ahí de todos modos. Podría ser algo tan simple como ir al trabajo siguiendo una ruta nueva o peinarte de manera diferente. Busca la alegría en los pequeños cambios y observa cómo estos marcan la pauta para que cambios más gozosos fluyan en tu vida.

336 Hoy se te pide que encuentres placeres simples en el entorno local. Quizá haya un jardín para visitar en tu barrio, una biblioteca llena de libros que están ahí para que los leas o un centro comunitario local en el que puedes socializar y conocer a personas de ideas afines a las tuyas. Sean cuales sean las posibilidades, regocíjate con toda la alegría que puede aportarte tu comunidad.

337 Aprender algo nuevo puede ser una experiencia divertida, especialmente si se enseña de la manera correcta. Hoy, encuentra formas divertidas de aprender algo nuevo y observa cómo esto tiene un efecto dominó en otras parcelas de tu vida.

338 A veces, las cosas que nos brindan más gozo son pequeñas y simples, como una sola flor silvestre, una postal de un amigo, un correo electrónico de agradecimiento de un cliente o una foto en la que estamos con nuestros seres queridos. Cuando veas este número, se te está recordando que no todo lo que hay en tu vida tiene que ser un evento importante. Aprecia las cosas simples y diviértete con ellas.

339 ¿Cuál es tu mejor recuerdo? Visualízalo y permite que te llene, te ponga una sonrisa en la cara y te haga mover las caderas. Mantenlo en la mente todo el tiempo que puedas y luego retoma tus actividades diarias.

5

444 - ARCÁNGEL SAMAEL
Deshazte de las gafas de las limitaciones del ego

El ego está constantemente enfocado en lo
que no tiene o en lo que se le puede quitar,
y esto limita tu visión; te impide ver las
bendiciones divinas que te rodean.

Significado profundo del 444

El número angélico 444 nos recuerda que podemos ver el mundo que nos rodea de dos formas: como algo lleno de carencias o lleno de bendiciones. Cuando aparece el 444, te pide que te detengas y te preguntes cómo ves tu mundo, tu vida y tu experiencia actual. El número angélico 444 nos empuja suavemente a quitarnos las gafas del ego para que podamos ver las bendiciones que nos brinda la Divinidad en todos y cada uno de los momentos. Porque cuando buscamos bendiciones, no dejamos de encontrarlas, y esto nos mantiene en un vórtice de energía bendita. Sin embargo, cuando vemos el mundo y la propia vida a través de las gafas de la carencia, no dejamos de encontrar escasez. Esto nos lleva a sentirnos excluidos, desconectados y abandonados. El arcángel Samael quiere retirar las gafas del ego de tus ojos y permitir que la gloria de la Divinidad entre en tu campo de visión.

Seamos quienes seamos o estemos donde estemos, siempre se puede encontrar una bendición. Puede ser tan simple como que estamos vivos y que, a pesar de todo lo que nos ha pasado, seguimos eligiendo continuar. Quizá estemos rodeados de bendiciones, pero hemos comenzado a darlas por sentadas. Esto sucede con mayor frecuencia en el primer mundo. Es fácil que quienes hemos sido bendecidos con la posibilidad de elegir entre múltiples opciones y con muchas comodidades empecemos a dar estas cosas por sentadas y dejemos de verlas como las bendiciones que son. El número angélico 444 nos lleva de regreso a lo mundano, a lo cotidiano, a las bendiciones lentas y silenciosas que nos rodean, desde el viento que susurra a través de las hojas de los árboles cercanos hasta el sol que brilla en nuestro rostro o el agua limpia que corre cuando abrimos el grifo. El sistema de tuberías de las viviendas es una bendición divina, y muchos habitantes del mundo no gozan de ella.

La próxima vez que el 444 destelle ante tus ojos, empieza a enumerar tus bendiciones de inmediato. No te preocupes por su importancia ni por si son «especiales» o no desde tu punto de vista; limítate a enumerarlas. Empieza por lo sencillo y mantente enfocado en lo que te rodea. Centrarse en lo simple es clave para conectar realmente con el poder del 444. El arcángel Samael quiere que vuelvas a lo básico y dejes de mirar a tu alrededor en busca de la última distracción superbrillante. En lugar de ello, regresa a la magia de lo ordinario, lo que se pasa por alto, lo que no se tiene en cuenta, la magia que acontece entre distracción y distracción.

Ahora mismo, en este momento, ¿puedes mirar a tu alrededor y encontrar diez bendiciones?

Mientras escribo este capítulo, sé que gozo de estas bendiciones: un ordenador portátil que funciona, tiempo para escribir, una casa tranquila, Internet, un escritorio para escribir, hermosos árboles al otro lado de mi ventana, un vaso de agua limpia y fresca para mantenerme hidratada, unas manos y unos dedos operativos, una mente que puede hacer que estas ideas vayan fluyendo y, por supuesto, el asiento en el que descansa mi cuerpo mientras trabajo. Todo esto son bendiciones. La Divinidad me lo ha proporcionado para que pueda estar aquí haciendo algo útil, en este caso hacer mi trabajo para cumplir mi misión. Todas estas cosas pueden no parecer mucho, pero sin ellas, no estarías leyendo este libro. El número angélico 444 es la suma de pequeños elementos, pues las bendiciones se suman como lo hace la nieve para dar lugar a una bola. Cuantas más adviertas, más te parecerá que tienes. Lo mejor de todo es que cuanto más te vincules a la energía del 444 más bendiciones crearás y recibirás.

El ángel Samael

Samael no es uno de los ángeles más comunes; bueno, no en sus verdaderas formas angélicas, por lo menos. Sus muchas encarnaciones hacen que se lo vincule a los ángeles caídos. Pero según el propio Samael, esta no es su verdadera identidad. Como ocurre con mucha información procedente de textos antiguos, hay cuestiones que no han sido bien traducidas, lo cual implica que ciertas informaciones nos hayan llegado distorsionadas. A través de mi propio trabajo con Samael, he sabido que su trabajo es ofrecernos una visión verdadera, una cirugía correctiva si queremos decirlo así, para curarnos del tipo de ceguera que nos impide ver todas las bendiciones divinas de las que gozamos. Esta es la razón por la que, en este libro, rige sobre el 444. En la práctica no religiosa, Samael es un arcángel fantástico con el que trabajar cuando nos hemos perdido en el mundo de las cosas físicas, nos estamos ahogando en nuestras posesiones materiales o estamos padeciendo falta de energía. Él es quien te lanzará un salvavidas, te ofrecerá una mano y te llevará a la orilla de la Divinidad. Sin embargo, no creas que te va a ofrecer ayuda si no la solicitas; en este caso, se quedará sentado viéndote sufrir. Es curioso que Samael tenga una mala reputación por este hecho cuando en realidad esto es lo que hacen todos los guías. Ninguno de ellos interviene sin permiso; sin embargo, Samael parece ser siempre el chico del póster que permanece en la orilla del sufrimiento limitándose a presenciar lo que ocurre.

La verdad es que todos los ángeles hacen esto, sin excepción. ¿Sabes por qué? Porque tenemos libre albedrío, también para sufrir. Es nuestra elección, al igual que es nuestra elección ver las bendiciones que nos afectan, vernos a nosotros mismos como una bendición y apoyarnos en Samael y dejar que nos saque del circuito kármico del sufrimiento, la carencia y la separación. Si permites que Samael trabaje contigo a través del número 444, puedes generar un cambio ingente en tu vida, incluso si al principio te parece pequeño y casi imperceptible. Confía en el 444 para que altere tu campo de visión gradualmente, para que cambie tu punto de enfoque poco a poco y conduzca a tu mente a percibir el mundo y el lugar que ocupas en él de manera diferente. Por lo tanto, la próxima vez que veas el 444 acoge al arcángel Samael en tu campo energético y permite que te muestre las bendiciones que has pasado por alto. Sigue su guía para salir del agobio y el pánico y entrar en la frecuencia en la que te sientes conectado, merecedor y resuelto.

Visualización/meditación de Samael: aclara tu visión para ver las bendiciones que te afectan

Con esta meditación guiada podrás conectar con el arcángel Samael y la energía vibratoria del 444. No existe una forma correcta o incorrecta de experimentar esta energía; se muestra de manera diferente a cada persona. Mientras realizas la meditación, tal vez experimentarás sensaciones en el cuerpo, calor, frío o incluso como si algo o alguien te estuviera tocando la cara y la cabeza. O acaso verás colores, o tus sentidos se agudizarán. También cabe la posibilidad de que no sientas nada la primera vez que hagas la meditación, o incluso la segunda o tercera vez. Solo debes saber que independientemente de lo que te suceda o no, Samael estará allí contigo y mantendrá un espacio sagrado para que explores todo lo que pasará a ser visible para ti. Asegúrate de hacer esta meditación en un lugar tranquilo y en el que no te vayan a molestar. Si sientes el impulso de hacerlo, puedes encender una vela blanca, que deberá permanecer encendida durante toda la meditación; acuérdate de apagarla cuando hayas terminado. Puedes grabar este guion y escucharlo para poder cerrar los ojos, o puedes mantener los ojos abiertos y leerlo. En cualquiera de los casos, conectarás con la energía y será beneficiosa para ti. Por lo tanto, haz lo que te resulte más cómodo.

Empecemos.

Puedes estar sentado o acostado, pero no te permitas quedarte dormido. También puedes encender un poco de incienso, si te sientes llamado a hacerlo. Ponte cómodo y asegúrate de que tu cabeza esté inclinada hacia arriba (si estás tumbado en el suelo o en la cama, inclina la barbilla hacia arriba). Concéntrate en la respiración; inspira por la nariz y espira por la boca. Haz respiraciones largas y lentas mientras te permites relajarte; deja caer los hombros y siente cómo la tensión abandona tu cuerpo con cada espiración. Mientras te mantienes enfocado en la respiración, siente cómo te relajas aún más; inspiras la energía de la paz y la calma y espiras el estrés, la ansiedad y la tensión. Cada vez estás más relajado... Puedes cerrar los ojos, pero recordando que se trata de que te relajes, no de que te duermas. Aunque tu cuerpo esté relajado, tu mente permanecerá activa e implicada durante todo el proceso. Mientras respiras de forma lenta y profunda, inspira paz y espira cualquier resistencia. Imagina que una hermosa luz dorada fluye hacia la parte superior de tu cabeza; la notas caliente, como si estuvieras bajo una ducha.

Imagina que esta luz dorada te fluye sobre la cabeza y baja por la cara, el cuello, los hombros, los brazos, el pecho y el vientre, hasta la pelvis. A continuación, siente cómo fluye por las caderas y baja por las piernas y las rodillas, y cómo sigue descendiendo, por las pantorrillas y las espinillas, hasta llegar a los tobillos y relajar los arcos de los pies; finalmente, sale por la punta de los dedos de los pies. Siente esta luz dorada mientras se derrama en tu cuerpo como una ola de energía, llenándote, iluminándote y conectándote con la energía del arcángel Samael y el poder del 444. Mientras respiras, permite que esta luz te limpie y pídele al arcángel Samael que te libere de cualquier ilusión visual que puedas estar padeciendo. Pídele que te quite las gafas distorsionadoras que no te permiten ver las bendiciones divinas de las que eres objeto. Pídele que te conceda la verdadera visión, tu vista divina natural, entendiendo que con esta nueva visión solo podrás ver las bendiciones que te rodean, la abundancia de oportunidades y el fluir milagroso de las posibilidades a partir de este momento. Dondequiera que mires verás, como una bendición, la energía de la abundancia, la riqueza, la salud, la felicidad, la alegría y el amor. Con esta nueva visión te darás cuenta de que eso estuvo aquí todo el tiempo y de que las verdaderas bendiciones divinas de las que eras objeto siempre estuvieron ocultas a plena vista. Esta nueva visión te mostrará que no estabas desconectado de la abundancia divina, sino que la estabas mirando a través de unas gafas sucias y que distorsionaban tu visión. Tómate tu tiempo;

concéntrate en la respiración y permite que la luz dorada fluya a través de tu cuerpo mientras el arcángel Samael cambia tu visión, despeja y sana tu vista y modifica tu sentido de la percepción. Respira y relájate.

Cuando sientas que el proceso ha concluido o que la energía del arcángel Samael ha dejado de fluir a través de ti, vuelve a enfocarte en la respiración; inspira paz, calma y amor y espira cualquier resistencia que quede. Ten la certeza de que se te ha insuflado la energía dorada del arcángel Samael y el 444, de que tu visión está ahora en armonía con la visión divina y de que siempre serás bendecido por un ángel allí adonde vayas. Vuelve a concentrarte en tu cuerpo mientras desconectas poco a poco del espacio meditativo. Con cada inspiración, arráigate más en el cuerpo; con cada espiración, ve saliendo del estado meditativo. Trabaja así con la respiración hasta que te sientas completamente consciente y listo para abrir los ojos y retomar tus actividades del día.

Cómo preparar un altar para el 444 y el arcángel Samael y cómo trabajar con él

Cuando configures este altar recuerda que será tu altar para las bendiciones o, más concretamente, algo que te ayudará a ver tus bendiciones. Una forma de hacer esto es crear algunos «frascos de la bendición» y ponerlos en tu altar. Uno podría estar lleno de monedas para recordarte las bendiciones dinerarias, otro podría estar lleno de fotos de tus seres queridos para recordarte las bendiciones que has recibido en el ámbito del corazón y otro podría estar lleno de bendiciones que quieres que se manifiesten a modo de recordatorio de todas las bendiciones que aún te esperan. Para este altar necesitarás una imagen de Samael o una carta sacada de una baraja oracular que lo represente, una vela verde, el 444 escrito en un papel verde, un poco de sal, una pizca de tierra, algunas plumas y cualquier otra cosa que quieras poner sobre el altar.

También deberás sentarte a escribir una oración o la declaración de una intención para Samael y el 444. Aquí tienes un ejemplo: «Samael, estoy lista (o listo) para ver mis bendiciones, así que abre mis ojos y recuérdame constantemente todas las formas en que he sido bendecido, soy bendecido y seré bendecido. Te permito que abras mi corazón poco a poco y con amor y que derrames sobre mí tantas bendiciones como pueda manejar».

Una vez que hayas preparado el altar, te recomiendo que lo limpies o bien con un aerosol o bien con el humo de algunas hojas de salvia secas, con el fin de despejar mentalmente el espacio y configurarlo para tu trabajo con la oración. A continuación, haz un par de respiraciones especialmente profundas, enciende la vela y formula la declaración de tu intención en voz alta, comenzando con estas palabras: «Invoco al arcángel Samael y el poder del 444 para que escuchen mi intención y me ayuden a hacerla realidad de la manera más bendecida. Que esta intención sea para mi mayor bien y para el bien de todos los que puedan estar implicados en que se materialice». Acto seguido, lee la declaración-oración que contiene tu intención: «Mi intención/oración es...».

Para finalizar el ritual, puedes apagar la vela o dejarla encendida, si no hay peligro. Si eliges apagarla, di estas palabras antes: «Mientras apago esta vela, confío en que su humo lleve mi intención hasta el cielo para que el universo la manifieste. Estoy lista (o listo) para recibir lo que he pedido. Que así sea». A continuación, apaga la vela, soplando.

Durante los próximos días, ten un cuaderno a mano para documentar todas y cada una de las bendiciones que se presenten en tu vida. Todas cuentan, las grandes y las pequeñas. Solemos pasar por alto bendiciones porque esperamos que se presenten de otra manera o que tengan un «sabor» distinto del que tienen. Ahora que has formulado tu oración y has instalado el altar, comenzarás a advertir cosas que antes no veías. Al anotarlas en tu cuaderno, se agudizará tu vista y permanecerás en la frecuencia de la visión divina.

Actividad de escritura automática

Después de haber hecho tu trabajo con la oración, o incluso después de haber realizado la visualización, notarás que tu conexión con Samael está más abierta y que empiezas a recibir bendiciones, además de mensajes o avisos, por parte de Samael y el 444. Pueden venir en forma de palabras sueltas, oraciones o incluso un conocimiento interior. Si te sientes motivado, saca tu cuaderno y aprovecha esta conexión. Pon este título en una página: «Charlas con Samael y la energía vibratoria conocida como 444». Si estás acostumbrado a llevar un diario, empieza a escribir, ya que sabrás cómo recibir la información a medida que fluya desde el número 444 y el arcángel Samael. Si nunca has llevado un diario, puedes usar estas preguntas para iniciar el proceso:

1. Samael, ¿cómo sabré que estás cerca?
2. ¿Cuándo permito que la carencia me distraiga?
3. ¿Por qué me ha costado, en el pasado, conectar con las bendiciones en la vida diaria?
4. ¿Cómo puedo volverme más consciente de la forma en que bendice mi vida la Divinidad?
5. ¿Cómo me ayudará hoy el hecho de sintonizar con la energía del 444?

Es posible que estas preguntas te lleven a fluir con la escritura y que antes de que te des cuenta las hayas dejado atrás. Sumérgete en el proceso, confía en que Samael está guiando tu mano y no intentes encontrarle lógica a nada que surja inicialmente.

Cristal angélico: el jade

El jade es considerado el cristal de la buena suerte y la buena fortuna. Ayuda a abrir el corazón y le permite recibir. A menudo se usa para atraer el dinero, la abundancia y la autosuficiencia a la propia vida. Se podría decir que es el cristal de las bendiciones. El jade hace que nos sintamos seguros a la hora de abrirnos y exponernos, lo cual es un requisito para poder recibir bendiciones. Afrontemos la realidad: debemos pedir, ser escuchados y ser vistos para poder recibir; sin embargo, muchas personas piden y a continuación se esconden, huyen y se contraen. Después se preguntan por qué no aparece nada. El jade te ayuda a mantenerte abierto y te hace sentir lo bastante protegido como para permanecer en la luz de la Divinidad el tiempo suficiente para que la buena fortuna se cruce en tu camino. Esto la convierte en la piedra perfecta en la que insuflar la energía del 444.

Para este ejercicio necesitarás un bolígrafo, un papel, una goma elástica, una pieza de jade (incluso puedes usar joyas que contengan jade) y un temporizador. Escribe el número 444 en el papel, tan grande que ocupe todo el espacio; a continuación, envuelve la pieza de jade o la joya con él. Pon la goma alrededor del papel para que no se abra. Seguidamente, programa el temporizador para que suene al cabo de dos minutos de haberlo activado y adopta una postura cómoda, sentado en el suelo si puede ser. Si no es posible, asegúrate de que tu espalda esté erguida y extendida, con los hombros hacia atrás. Pon el jade en tu mano derecha y después pon la mano sobre tu corazón. Deja que la mano izquierda descanse sobre la rodilla izquierda, con la palma abierta y mirando hacia arriba. Cuando estés preparado, activa el temporizador y regresa a la postura.

Repite este mantra hasta que suene la alarma del temporizador: «Estoy bendecido; lo estoy».

Si tienes el impulso, puedes hacer lo indicado durante cuarenta y cuatro días, aunque no es necesario. Cuando sientas que tu jade se ha activado y contiene todo el poder del 444, empieza a llevarlo contigo en el bolsillo, o empieza a llevar tu joya con jade. Este cristal es ahora tu talismán asociado al 444. Te conectará al instante con la vibración del 444 y con todas las bendiciones que Samael quiere resaltar en tu vida.

Otros números asociados a la energía de Samael

440 Las oportunidades de que recibas bendiciones son ilimitadas. En este momento, da las gracias por las bendiciones que aún no has visto, las que sabes en tu corazón que están en camino. Agradece ahora lo que está por venir.

441 Algo nuevo está por llegar a tu vida. Contémplalo como una bendición y no lo cuestiones. Permítete recibirlo con el corazón abierto.

442 Cuentas con la bendición de tener gente en tu vida que te deja ser tú mismo. Hay personas que realmente te quieren tal como eres. Reconoce la importancia que tienen en tu vida y mándales una bendición ahora mismo.

443 Ser libre de ir adonde quieres y cuando quieres es una bendición. Reconoce tus libertades hoy y bendícelas.

445 El cambio es una bendición siempre que no se lo juzgue. Se avecina un cambio en tu vida y trae una bendición consigo. Todo lo que te pide es que no intentes averiguar si será «bueno» o «malo». Permite que se dé y observa cómo se desarrolla.

446 Eres una bendición. Tal como eres en este momento, al ver este número, es una bendición. Tu misma existencia es una bendición. No necesitas hacer nada para ser una bendición.

447 Algunas bendiciones traen lecciones consigo. De hecho, algunas bendiciones se envuelven en un manto de sabiduría. Ahora es uno de esos momentos. Por lo tanto, agradece las bendiciones que has recibido y espera a ver qué sabios consejos te brindan.

448 Los artículos materiales son bendiciones; no son las únicas bendiciones, pero lo son. Muchas veces olvidamos lo bendecidos que estamos. Cuando veas este número, enumera las bendiciones de tipo material de las que gozas y agradécelas.

449 Ser capaz de dejar pasar las cosas es una bendición. Decir adiós y permitir que las cosas lleguen a su final natural forma parte del ciclo de las bendiciones. Alégrate hoy por los finales que se están manifestando en tu vida y bendícelos por lo que son: puertas de entrada a algo nuevo.

6

555 - ARCÁNGEL URIEL
Suelta y confía en el cambio

El cambio es la única constante que
habrá en tu experiencia física, así que
hazte amigo suyo e invítalo a entrar.

Significado profundo del 555

El cambio: o nos encanta o lo detestamos. El problema es que no podemos detenerlo. El número angélico 555 marca un momento de cambio. Puede ser grande, puede ser pequeño, pero el cambio está aconteciendo, nos guste o no. Nada permanece igual en el mundo físico ni en el vibratorio. El cambio es constante. Es una ley universal. El número angélico 555 solo te recuerda que esta ley se cumplirá en tu vida independientemente de cuáles sean tus emociones, pensamientos o creencias. No es necesario que estés preparado para el cambio, ni siquiera que lo aceptes. Ocurre, sin más. El arcángel Uriel quiere que pienses en el 555 como una llamada de cortesía del universo, una nota de Dios si quieres, cuyo contenido es que las cosas no seguirán igual en tu vida; los ciclos están girando, el tiempo avanza y el camino ha cambiado de dirección.

A veces, cuando veas este número, no notarás nada en tu mundo exterior; nada que puedas percibir con tus limitados cinco sentidos parecerá ser diferente. Sin embargo, se ha producido un cambio, y tu mundo exterior acabará por reflejarlo. Otras veces, el 555 te acechará; estará allí adonde vayas. Será todo lo que veas, oigas y percibas. Este tipo de repetición constante es como una alarma, que ni siquiera tus limitados sentidos pueden ignorar. Es la señal de que se están ultimando cambios y planes muy importantes, y tu mundo exterior experimentará la sacudida. Independientemente de dónde se produzca este cambio, dentro o fuera de ti, ha acontecido. No puedes evitarlo deseando que no tenga lugar ni por medio de justificaciones, ni puedes negarlo. El número angélico 555 es una señal, una nota procedente de un reino superior que dice claramente: «Se está produciendo un cambio». Es importante tener en cuenta que este cambio no se demorará; no se trata de algo que podría ocurrir en un futuro lejano. Está sucediendo ahora mismo, mientras ves el número, y el arcángel Uriel se encuentra justo en el medio de dicho cambio.

Así como el tiempo cíclico debe hacer que las estaciones se sigan sucediendo, tú también debes experimentar el cambio, una diferencia, cierta sacudida. De lo contrario, caerías en el estancamiento, y el resultado sería una enfermedad. La falta de movimiento nos ralentiza, nos atasca y, si se prolonga, puede hacer que nos resulte difícil movernos. Si nunca riegas tus plantas o si no estás pendiente de la cantidad de sol que reciben o no, morirán. Contigo ocurre exactamente lo mismo. Las condiciones de tu experiencia física cambian todo el rato, y debes adaptarte y cambiar junto con ellas. Se podría decir que el 555 es también el número de la adaptabilidad. Aquellos que se adaptan, prosperan, mientras que aquellos que se resisten, sufren. Aunque ver el número 555 significa que el cambio ya está aquí, también te da la oportunidad de decidir cómo quieres manejarlo y cómo gestionarás tu mente, tus emociones y tu grado de resistencia. El número angélico 555 te alerta sobre tu libre albedrío, la parte de ti sobre la que solo tú tienes el control.

Entonces, ¿cómo usarás tu libre albedrío cuando el 555 aparezca en tu vida?

En relación con esto, puede resultarte útil llamar al arcángel Uriel, ya que puedes entregarle tu preocupación, tu miedo y tus dificultades. Pídele que se lleve eso y te mantenga libre para que puedas ser flexible y adaptarte. Nadie dijo que tienes que hacer esto solo. Llama a Uriel cuando veas el número 555 y pídele que te acompañe, te sostenga, te apoye y te dé estabilidad mientras las leyes del universo se despliegan en tu vida. Este es el tipo de tareas para las que fue creado. El superpoder del arcángel Uriel consiste en estar de pie al borde de lo desconocido, estabilizar nuestras piernas temblorosas y estar allí cuando todos los demás se alejan. Él permanecerá a tu lado y te ofrecerá tanto amor incondicional como puedas aceptar. El número angélico 555 te hace saber que el cambio es inevitable, pero el arcángel Uriel te recuerda que esto no significa que tengas que sufrir.

El ángel Uriel

Uriel es mi ángel personal. A diferencia de todos los otros ángeles que aparecen en este libro, a este lo conozco íntimamente, por lo que en este apartado te voy a presentar al Uriel que conozco y que ha sido tremendamente importante en mi vida durante más de una década. Déjame disculparme de antemano si lo que escribo aquí no encaja con nada de lo que has leído sobre Uriel o con tu propia experiencia personal con él. En general, Uriel es considerado un ángel de transformación; suele decirse que es el arcángel que recoge a los recién fallecidos en el plano terrestre y los lleva al otro mundo. Supongo que, en cierta medida, esto es verdad. Está feliz de tomar a personas que han entrado en la fase de la muerte y ayudarlas a encontrar un nuevo camino.

Sin embargo, muy rara vez tiene relación con la muerte física el 555; indica la muerte de un ciclo o fase de la vida. Experimentamos muchas muertes mientras vivimos. Morimos todas las noches y volvemos a la vida todas las mañanas. La muerte es el cambio definitivo, la más potente de todas las transformaciones, y Uriel se encuentra en el borde del precipicio que son estos cambios. Él ve algo hermoso en los espacios donde otros solo ven cosas rotas y deterioradas. Llega e insufla una nueva vida a situaciones, lugares y personas. Él y el 555 podrían fácilmente llamarse «el aliento de una nueva vida» de la misma manera que pueden llamarse «cambio». No se puede negar que donde sea que esté Uriel, algo está llegando a su fin para que algo nuevo pueda surgir. Pasar tiempo con Uriel durante más de una década me ha enseñado lo bueno que es el cambio y lo agradable que puede ser. Tiene un efecto milagroso invitarlo a la propia vida como si se tratase de un buen amigo. Yo solté mi necesidad de sufrir con el cambio y dejé de lado mi preocupación y mi miedo acerca de lo que me esperaba al otro lado. Uriel me ha infundido entusiasmo y expectación en lugar de ello. Me ha permitido ver la pura necesidad de que exista esta ley. Uriel me ha hecho sentir tan cómoda con la energía del cambio y su naturaleza cíclica que ahora me preocupo cuando no veo el 555.

Esperamos que cuando hayas acabado de hacer los ejercicios de este capítulo también estés deseoso de ver este número. De hecho, queremos que te sientas tan a gusto con él que lo llames a propósito. Uriel quiere traer el cambio a tu vida. Quiere presentarte la magia y la majestuosidad de tu poder. Sin embargo, para que pueda hacer esto, debes aceptar los ciclos de tu vida, los finales y los comienzos, y la ley del cambio. Cuanto más trabajes con Uriel y la energía del 555, más flexible y adaptable serás. Dejarás ir las cosas más fácilmente. Soltarás los apegos a personas, lugares y cosas que no estén en armonía con tu verdadero yo, y permitirás que Uriel ponga tus pies en el camino de la transformación sin miedos ni dudas, porque confiarás en que lo que sea que te esté esperando a lo largo del camino ha sido elegido por los ángeles para que lo experimentes.

Visualización/meditación para ayudarte a transformarte en el cambio que quieres ver en tu vida

Con esta meditación guiada podrás conectar con la energía transformadora del arcángel Uriel. No existe una forma correcta o incorrecta de experimentar esta energía; se muestra de manera diferente a cada persona. Mientras realizas la meditación, tal vez experimentarás sensaciones en el cuerpo, calor, frío o incluso como si una pluma te estuviera acariciando suavemente la cara y la cabeza. O acaso verás colores, o tus sentidos se agudizarán. También cabe la posibilidad de que no sientas nada la primera vez que hagas la meditación, o incluso la segunda o tercera vez. No te preocupes; esto es completamente normal. Solo debes saber que independientemente de lo que te suceda o no, Uriel estará ahí contigo, protegiéndote y sosteniendo un espacio para que explores el cambio que quieres generar en tu vida. Asegúrate de hacer esta meditación en un lugar tranquilo y en el que no te vayan a molestar. Si sientes el impulso de hacerlo, puedes encender una vela dorada, que deberá permanecer encendida durante toda la meditación; acuérdate de apagarla cuando hayas terminado. Puedes grabar este guion y escucharlo para poder cerrar los ojos, o puedes mantener los ojos abiertos y leerlo. En cualquiera de los casos, conectarás con la energía y será beneficiosa para ti. Por lo tanto, haz lo que te resulte más cómodo.

Empecemos.

Ponte cómodo. Si es seguro hacerlo, acuéstate o recuéstate en tu silla favorita. Si te ayuda a concentrarte, saca tu cojín de meditación y ponte en tu postura favorita. Haz tres inspiraciones profundas a través de la nariz, para enraizarte, y espira por la boca. Mientras inspiras, piensa en la palabra *paz*, y mientras espiras, piensa en la palabra *transformar*. Respira de esta manera durante un par de minutos, inspirando *paz* y espirando *transformar*. Con cada respiración, permítete relajarte cada vez más y sumergirte cada vez más profundamente en este momento y en el ritmo de este trabajo respiratorio. Sigue concentrado en el mantra *paz* y *transformar*. Deja que tus hombros caigan y que tus caderas se asienten, y date permiso para respirar más hondo y durante más tiempo. Mientras caes en un estado de calma y apertura, y manteniéndote concentrado en el trabajo con la respiración, llama al arcángel Uriel y pídele que se siente detrás de ti.

Recuéstate suavemente en su abrazo, sintiendo el calor que irradia de su cuerpo hacia el tuyo, lo cual te permite sumergirte aún más en la paz y la calma. Aquí, en los brazos del arcángel Uriel, recuerda un área de tu vida que sabes que necesita un cambio —tal vez es la energía que la rodea lo que debe ser transformado—. Permite que aparezca una imagen de esta área de tu vida en tu mente, haciendo todo lo posible para no apegarte a ninguno de los sentimientos o emociones que puedan surgir al pasar a enfocarte en esta área de tu experiencia actual. Espira cualquier miedo o ansiedad y dáselos a Uriel para que pueda transformarlos en amor, paz y alivio, lo cual te transmitirá mientras irradia calor de su cuerpo al tuyo.

Prosigue con el trabajo con la respiración, espirando miedo e inspirando amor, sabiendo que estás apoyado y que Uriel te tiene entre sus brazos durante todo el proceso.

Continúa hasta sentir una sensación de alivio, que puedes experimentar como un aflojamiento de los músculos de tu cuerpo o una disminución de la sensación de ansiedad en tu mente. Este alivio también puede significar que el hecho de pensar en esta área de tu vida ya no parece tener una carga emocional para ti. Sigue respirando, entregándote a Uriel, hasta que encuentres este alivio. Cuando hayas terminado y sientas esa sensación de alivio, independientemente de cómo se manifieste, recuerda el 555. Ahora, pídele que cambie, transmute y transforme esta área de tu vida ahora mismo, en este momento, mientras experimentas la sensación de alivio. Permanece en este estado todo el tiempo que necesites, permitiendo que tanto Uriel como el poder del 555 obren un cambio mágico en tu vida. Sigue respirando y sumérgete más en los brazos de Uriel.

Cuando hayas terminado o sientas que el proceso ha concluido, vuelve a enfocarte en tu trabajo con la respiración y deja que la imagen del número 555 se vaya desvaneciendo. Siente cómo te separas de Uriel mientras le das las gracias por ser tu apoyo, tu guía y tu agente del cambio hoy. Vuelve a enfocarte en tu trabajo con la respiración y el mantra *paz* y *transformar* mientras vuelves a arraigarte al cuerpo. Permítete volverte más consciente de tu entorno físico con cada inspiración; pasas a estar más alerta, concentrado, consciente, fuerte, firme y confiado. Cuando estés listo, abre los ojos si los tenías cerrados. Estira los brazos, haz rodar los hombros, mueve los dedos de las manos y los pies, y a continuación tómate un momento de tranquilidad antes de sumergirte en las actividades del día.

Cómo preparar un altar para el 555 y el arcángel Uriel y cómo trabajar con él

Si sabes que estás preparado para traer un cambio a tu vida, el camino que debes seguir es instalar un altar para anclar la energía del 555 y el arcángel Uriel. Para hacer este altar, necesitarás una vela amarilla (ya que este es el color que asociamos con el centro del cuerpo vinculado a la acción, es decir, el plexo solar), una pieza de heliolita, una imagen de Uriel, el número 555 escrito o impreso en papel amarillo, y una declaración muy clara del cambio que quieres solicitar. Esta declaración también debería explicar por qué este cambio es importante para ti y los pasos que darás una vez que adviertas que el cambio está en marcha. También puedes añadir otros elementos al altar, como plumas, sal, tierra, imágenes o lo que sea que te llame. Asegúrate de hacer el altar en un lugar en el que ninguna persona o animal vaya a alterarlo mientras lo usas activamente. Depende de ti, exclusivamente, la cantidad de tiempo que vas a estar trabajando con el altar; tal vez sientas que solo necesitas recitar tu oración una vez, o tal vez sientas que debes hacerlo durante cincuenta y cinco días. Tú decides.

Una vez que hayas preparado el altar, te recomiendo que lo rocíes con un aerosol de salvia o bien que le pases por encima, una vez, humo de palo santo; esta operación despejará el espacio en los aspectos mental y energético y lo dejará listo para tu trabajo con la oración. Cuando el espacio esté limpio y preparado, haz un par de respiraciones especialmente profundas, enciende la vela y formula la declaración de tu intención en voz alta, comenzando con estas palabras: «Invoco al arcángel Uriel y el poder del 555 para que escuchen mi intención y me ayuden a hacerla realidad de la manera más sorprendente. Que esta intención sea para mi mayor bien y para el bien de todos los que puedan estar implicados en que se materialice». Acto seguido, lee la declaración-oración que contiene tu intención: «Mi intención/oración es…».

Para finalizar el ritual, puedes apagar la vela o dejarla encendida, si no hay peligro. Si eliges apagarla, di estas palabras antes: «Mientras apago esta vela, confío en que su humo lleve mi intención hasta el cielo para que el universo la manifieste. Estoy lista (o listo) para recibir lo que he pedido. Que así sea». A continuación, apaga la vela, soplando.

Lo que debes hacer ahora es permanecer abierto, observar y actuar como si el cambio que has pedido se estuviera manifestando en tu vida.

Actividad de escritura automática

Después de haber hecho tu trabajo con la oración, o incluso después de haber realizado la visualización, tal vez notarás que tu conexión con Uriel comienza a abrirse y que empiezas a recibir mensajes e información. Plantéate sacar tu cuaderno y aprovechar esta conexión. Pon este título en una página: «Charlas con Uriel y la energía vibratoria conocida como 555». A continuación, puedes comenzar a escribir, si estás más o menos acostumbrado a llevar un diario. Si no estás familiarizado con escribir en un diario o si esta forma de abordar la escritura es muy novedosa para ti, puedes usar estas preguntas para empezar el proceso:

1. Uriel, ¿cómo sabré que estás cerca?
2. ¿Qué área de mi vida se está viendo afectada por el 555 y por qué?
3. ¿Por qué me ha asustado el cambio en el pasado y cómo puedo modificar mis pensamientos y creencias relativos al cambio?
4. ¿Qué puedo hacer hoy para estar más cerca de soltar mis miedos y resistencias respecto al cambio?
5. ¿Cómo me ayudará hoy el hecho de sintonizar con la energía del 555?

Cristal angélico: la heliolita (piedra solar)

Cuando estamos en la oscuridad, buscamos la luz. Cuando nos sumergimos hasta las rodillas en lo desconocido, buscamos la esperanza. Cuando el cambio nos debilita hasta hacernos caer de rodillas, oramos pidiendo fortaleza. La heliolita trae la energía, la vitalidad y la luz del sol a todos los momentos de cambio y transformación de la persona. Te animará, te dará energía y te mostrará que nunca hubo monstruos escondidos debajo de la cama. Esto hace que la heliolita sea el cristal perfecto para anclar la energía del 555 y el arcángel Uriel.

Para insuflar esta energía a tu cristal, necesitarás un papel, un bolígrafo y una goma elástica o un pequeño trozo de cinta adhesiva. El papel debe ser lo suficientemente grande como para poder rodear el cristal. Te recomiendo una bonita piedra de bolsillo, pero el tamaño depende completamente de ti. Solo debes asegurarte de que el papel pueda cubrir el cristal por completo; debe quedar envuelto como si de un regalo se tratase. En el interior del papel, escribe el número 555 cinco veces, teniendo en cuenta que no se deberían poder ver los trazos una vez que el cristal esté envuelto. A continuación, envuelve el cristal y asegura el papel con el trozo de cinta adhesiva o la goma elástica. Los siguientes pasos los llevarás a cabo durante un período de cuatro días; pondrás el cristal en un lugar diferente cada noche. Vas a insuflar la energía del amanecer a tu heliolita desde las cuatro direcciones, comenzando por el este, siguiendo por el sur, continuando por el oeste y terminando en el norte.

Si vives en un piso o apartamento que no te permita acceder a las cuatro direcciones, es posible que debas ser creativo al respecto. En el momento de escribir este libro, vivía en un apartamento que solo tenía ventanas que daban al oeste y un pequeño balcón que apenas me permitía asomarme al sur y al norte. No podía ver los amaneceres del este. Por lo tanto, mientras trabajaba en este ejercicio para este libro, usé mi automóvil; puse el cristal en distintos puntos cercanos a la ventana trasera para obtener la energía del oeste, la del este, la del norte y la del sur. También podría haberle pedido a una amiga que me dejase hacerlo en su jardín, pero me pareció mucho más fácil usar el coche. Por lo tanto, no te preocupes si no cuentas con las ventanas suficientes; encontrarás una manera fácil de energizar tu cristal.

Cada noche vas a poner el cristal en una ventana, en un balcón, en algún lugar de tu jardín o, como tuve que hacerlo yo, en el coche. Lo recuperarás al mediodía todos los días, si es posible. Si no, no pasa nada; solo asegúrate de cambiarlo de sitio antes del próximo amanecer.

Cuando el cristal esté en su lugar y el sol lo esté bañando por completo a la mañana siguiente, recita esta oración:

Invoco el poder del 555 y al arcángel Uriel para que insuflen en mi heliolita el poder, la naturalidad, la bendición y la alegría del cambio. Con las cuatro direcciones para guiarme, sé que el fluir de la transformación me señalará siempre la dirección apropiada y me hará ir por el camino correcto. Doy gracias a la salida del sol, ya que me recuerda que todas las cosas comienzan de nuevo, y que para que esto suceda, las cosas deben moverse y cambiar constantemente. Uriel y 555, bendecid mi cristal, bendecidme a mí y mantenedme dentro de vuestro abrazo protector. Que así sea.

Una vez que tu heliolita esté cargada con la energía de todas las direcciones, sácala de su envoltorio y ponla en tu bolsillo, tu sujetador o tu bolso, ya que ahora estás lista o listo para fluir con todos los nuevos cambios que están a punto de producirse en tu vida.

Otros números asociados a la energía de Uriel

550 Cuando uno le da la bienvenida al cambio en su vida, también les da la bienvenida a múltiples futuros posibles y a una cantidad de oportunidades emocionante.

551 Es hora de que cambies la forma en que ves tu magia personal. Eres un creador poderoso, así que permítete transformar cualquier área de tu vida con la que no te sientas satisfecho. Solo tienes que agitar tu varita mágica y observar cómo se produce el cambio.

552 Hay una relación en tu vida que está lista para transformarse en algo diferente. Podría ser con otra persona o incluso podría ser contigo mismo; también podría tratarse de un proyecto creativo.

553 Trabajar tanto y no jugar nunca te convierte en una persona muy aburrida. Es hora de que cambies la estructura de tu vida diaria para poder incorporar más juego y diversión a tu rutina.

554 A veces, los límites y la disciplina son algo bueno. En este momento se te pide que cambies la forma en que ves ambos en tu vida. Uriel dice: «Donde antes había algo negativo, ahora hay algo positivo».

556 ¿Qué parte de ti no has estado amando de la forma en que realmente merece ser amada? Ahora es el momento de que encuentres esa parte de ti y cambies tus pensamientos y sentimientos respecto a cómo la ves, le hablas y la aceptas.

557 Aprender nuevas habilidades es una excelente manera de darle la bienvenida al cambio a tu vida. Inscríbete a una nueva clase o programa de entrenamiento grupal y deja que la nueva energía recorra tu vida.

558 Todo cambia en el mundo físico; no hay ni un solo aspecto que se mantenga igual. Cuando temas lo que vendrá después, piensa en la naturaleza y en la facilidad con la que permite el cambio para dejar que fluya la energía de la fuerza vital.

559 Todos los finales traen cambios, y el que afrontas ahora no es diferente. Ten en cuenta que este final está sentando las bases para que se produzca una transformación asombrosa.

7

666 - ARCÁNGEL ARIEL
Ámate a ti mismo como nosotros te amamos

El mejor regalo que puedes hacerte es amarte,
porque cuando te amas a ti mismo, le muestras
al resto del mundo cómo amarte también.

Significado profundo del 666

La palabra *amor* se usa mucho en el ámbito humano; sin embargo, muchos humanos no saben qué es el amor divino, ni se aman a sí mismos como lo hacen la Divinidad o los ángeles. La energía del amor divino se manifiesta en su forma más pura cuando puedes amarte a ti mismo de la forma en que te aman los ángeles, es decir, cuando puedes vivir como amor, ser amor y vivir la vida desde el corazón, no desde la cabeza. A los ángeles les entristece ver cuántos humanos no aman lo que son o sienten que necesitan ser alguien más que ellos mismos. Los ángeles ven cuántas personas luchan por ser ellas mismas y cómo los humanos en general se preguntan constantemente si dan la talla, razón por la cual el arcángel Ariel quiere que entres en la frecuencia de dirigir el amor hacia tu interior a través del acto de ver el 666.

¿Puedes pensar en alguien o algo que ames total y completamente, sin juicios? Puede tratarse de otro ser humano, una mascota o incluso un objeto. Este amor que tienes por ello es tan puro que fluye de ti sin que intervenga el pensamiento. Este es el amor que el 666 te pide que dirijas hacia ti mismo, lo lleves a tu propio ser y lo absorbas. Amarte a ti mismo y abrirte a tu propio amor te permite descubrir cómo se siente realmente el amor. El amor no es algo que aprendamos de otras personas; es lo que aprendemos de cómo nos tratamos a nosotros mismos. Cuando te tratas a ti mismo con compasión, los demás te muestran compasión. Cuando te tratas a ti mismo con amabilidad, también lo hacen las personas que tienes alrededor. Cuando puedes verte a ti mismo sin juzgarte, ya no juzgas a los demás. Cuando diriges el amor hacia dentro, irradias amor hacia fuera. El número angélico 666 te proporciona la clave para que traigas más amor no solo a tu vida, sino al mundo en general.

El 666 formula esta pregunta: «¿Cuánto amor puedes darte a ti mismo?». Lo que te das a ti mismo se lo das al mundo. El número angélico 666 te recuerda que el amor es como respirar: no puedes espirar solamente; en algún momento, tienes que inspirar, al igual que no puedes inspirar sin tener que espirar en algún momento. Necesitas tanto inspirar como espirar. El amor funciona de la misma manera: lo acoges y lo dejas salir; es así como tenemos el amor a uno mismo, el amor divino y el amor a todos. Amar es tan simple como respirar. No juzgas tu respiración; no la consideras ni digna ni indeseable. No pones condiciones en torno a la inspiración y la espiración; sencillamente, aceptas el proceso como algo que necesitas para sobrevivir y que ejecutas instintivamente. El número angélico 666 es tu nuevo hábito amoroso. Es la señal de que amarte a ti mismo es tan simple e instintivo como respirar. Si los ángeles no pudieran enseñarnos nada más a los humanos, habría que dejarles que al menos nos impartiesen una lección sobre el amor. El caso es que no necesitas hacer nada para ser amado. Eres, luego eres amor. Serás amado y dejarás que ese amor fluya hacia el mundo que te rodea. Esto ocurrirá sin que intervenga el pensamiento, de forma instintiva, y cada vez que veas el número 666.

El ángel Ariel

Recuerdo la primera vez que Ariel vino a mí, en el contexto de una meditación. Honestamente, no fue el más agradable de los encuentros. Insistí en preguntarle si era un espíritu de sirena, y ella insistió en decirme que no. En ese momento, no sabía demasiado sobre los ángeles y cuántos de ellos había. (Para que conste, hay cientos de miles de ellos). Llevaba unos dos meses trabajando con Uriel cuando Ariel entró en mi vida. Para mí, Ariel tiene una energía similar a la de Uriel, y si no estuviera mejor informada, diría que Ariel es la contraparte yin de Uriel, y Uriel la contraparte yang de Ariel. Sin embargo, cuanto más fui trabajando con ellos, más fui discerniendo las diferencias entre sus respectivas energías. Si alguien no está familiarizado con ambos ángeles, se le puede perdonar que los considere las dos caras de una misma moneda. La mayor diferencia es que Ariel se dedica a enseñar a los humanos lo dignos de amor que son. Entra en la vida de las personas para recordarles que son amor, no que necesitan amor. La diferencia entre una cosa y otra es descomunal. Con solo decir lo anterior en voz alta, notarás una diferencia en la energía. Hazlo; di primero «soy amor», y después «necesito amor». Una de las frases afirma que tu energía es amor, y la otra contiene la vibración de la falta de amor.

El trabajo de Ariel debería ser el más fácil del mundo, pero me dice que a menudo es uno de los más difíciles. Le rompe el corazón ver cuántos de nosotros, los humanos, no creemos ser dignos de amor. Llamar al arcángel Ariel a tu vida es una lección de amor hacia ti mismo. No necesitas ser digno de este arcángel para que aparezca. No necesitas hacer ni ser nada para que te recuerde cuánto amor tienes ya dentro de ti. A lo largo de los años, muchos clientes me han dicho que no sienten que merezcan pedir ayuda y guía a los ángeles y que creen que serán juzgados y rechazados por actos pasados. Ariel te recuerda que no tienes que hacer méritos para ser quien ya eres. Tú eres amor. El amor y tú sois uno. No hay separación entre lo que eres y la energía vibratoria que llamamos amor.

Tu mantra será: «Yo soy amor; lo soy». Lo eres de forma innata. El amor es la esencia misma que te hizo, que late en ti y que te lleva de una encarnación a la siguiente. Todo lo que eres, todo lo que haces y todo aquello en lo que te conviertes es una forma de amor. No hay ninguna parte de ti que no esté tocada por el amor, y el trabajo del arcángel Ariel es recordarte esta verdad. Porque esta es la verdad, aunque dudemos de ella, la rechacemos o tratemos de eludirla. El caso es que como eres amor no hay forma de que puedas dejarlo atrás, escapar de él o estar apartado de él. Tal vez no siempre lo reconozcas e incluso es posible que sientas que quieres poseerlo, pero es tú y tú eres él.

Tras nuestro primer encuentro, trabajé con Ariel durante meses para sanar las muchas heridas que sufría mi chakra del corazón. Vi de primera mano que me había lastimado terriblemente al pensar que estaba separada del amor y al juzgar que no lo merecía. Las cicatrices y las llagas abiertas que llevaba conmigo no se debían a que el amor no estuviera disponible para mí, sino a que albergaba la falsa creencia de que no era digna de ser amada. Ariel nos recuerda que el amor no necesita nada para ser; simplemente es. Déjalo entrar y verás lo mucho que te pareces al amor.

Visualización/meditación de Ariel: envíate amor a ti mismo

Con esta meditación guiada podrás conectar con el arcángel Ariel y la energía vibratoria del 666. No existe una forma correcta o incorrecta de conectar con estas energías; se muestran de manera diferente a cada persona. Mientras realizas la meditación, tal vez experimentarás sensaciones en el cuerpo, calor, frío o incluso como si algo o alguien te estuviera tocando la cara y la cabeza. O acaso verás colores, o tus sentidos se agudizarán. También cabe la posibilidad de que no sientas nada la primera vez que hagas la meditación, o incluso la segunda o tercera vez. Solo debes saber que independientemente de lo que suceda o no, Ariel estará ahí contigo, sosteniendo un espacio sagrado para que explores la energía amorosa que trae junto con la energía vibratoria del 666. Asegúrate de hacer esta meditación en un lugar tranquilo y en el que no te vayan a molestar. Si sientes el impulso de hacerlo, puedes encender una vela blanca, que deberá permanecer encendida durante toda la meditación; acuérdate de apagarla cuando hayas terminado. Puedes grabar este guion y escucharlo para poder cerrar los ojos, o puedes mantener los ojos abiertos y leerlo. En cualquiera de los casos, conectarás con la energía y será beneficiosa para ti. Por lo tanto, haz lo que te resulte más cómodo.

Empecemos.

Para esta meditación es importante que pienses en ti como si fueras otra persona, alguien separado de ti pero conectado contigo. La razón por la que esto es importante es que, en general, nos resulta más fácil cuidar de los demás que de nosotros mismos. Por lo tanto, para esta meditación crea una versión de ti mismo que necesite que cuiden mucho de ella. Puede ser tu niño interior, la versión de ti que necesita ser curada físicamente o la versión de ti que tiene dificultades con la mente y las emociones. Puede ser la versión de ti que está subiendo de nivel y necesita que le recuerden que, aunque te sientas bien y estés trabajando sobre ti mismo, necesitas amabilidad, compasión, apoyo y ánimos. No importa qué versión de ti elijas, siempre y cuando te asegures de ver esta versión de quién eres como algo separado de ti pero conectado contigo.

Ponte cómodo, haz un par de respiraciones lentas y profundas y trae esta versión de ti mismo a tu mente. Contémplala como alguien que está lidiando con dificultades, que tiene dudas, que se está desarrollando, que está embargado por la tristeza o que es presa del dolor. Permítete asimilar completamente esta versión de ti y la escena que has creado. ¿Dónde está esta versión de ti mismo? ¿Qué te rodea en ese lugar? ¿Qué puedes oír y cómo te sientes cuando te miras? Mientras mantienes esta imagen en tu mente, reúne toda la información que puedas de la escena sin apegarte a ella ni sintonizar con ella emocionalmente. Pon la mano sobre tu corazón y pide que la energía del 666 y el poder sanador del arcángel Ariel fluyan a través de ti hacia la escena y hacia esta versión de ti que necesita este amor y este autocuidado. Observa cómo esta energía va de tu corazón a la escena y la baña con una hermosa luz rosa. Cuanta más energía puedas enviar desde el chakra del corazón y cuanto más profunda pueda ser la conexión que establezcas con el 666 y el arcángel Ariel, más luz llevarás a la imagen que estás visualizando. Acuérdate de respirar mientras vas enviando esta luz rosa al tú que la necesita. Aporta a esta escena, a esta imagen, tanto amor y cuidado personal como te sea posible. Observa cómo esta otra versión de ti recibe abiertamente esta energía; incorpora la luz rosa a su ser inspirándola. La luz rosa llena esta versión de ti desdo la parte superior de la cabeza hasta la punta de los dedos de los pies, haciendo que refulja como una estrella rosa brillante.

Cuando sientas que has acabado o que la energía ha seguido su curso y ya no tiene efecto, di «gracias, te amo» antes de apartar la mano del corazón. Haz un par de inspiraciones lentas y profundas por la nariz y espira por la boca mientras regresas a tu cuerpo, cada vez más concentrado y consciente, sabedor de que a esta versión de ti —esa parte de ti que viste durante la meditación— le está yendo mucho mejor que antes. Sigue respirando profunda y lentamente hasta que tu conciencia se haya anclado plenamente en tu cuerpo físico; sabes que estás completo y que eres uno con todas las partes de ti mismo. Puedes repetir esta meditación en cualquier momento y dirigir esta energía a cualquier versión de ti que elijas. El poder del amor a uno mismo y el cuidado personal están literalmente en tus manos.

Cómo preparar un altar para el 666 y el arcángel Ariel y cómo trabajar con él

Cuando configures este altar, recuerda que estará destinado al autocuidado y al amor a ti mismo. Algo que puedes hacer es poner en él un panel de inspiración en relación con estos dos temas; puedes recortar y pegar tantas imágenes como quieras en el tablero. Para este altar necesitarás una imagen de Ariel (puede ser la que muestre una carta sacada de una baraja oracular), una vela roja para representar el amor puro y profundo, el 666 escrito en un papel verde, un poco de sal, una pizca de tierra, algunas plumas y cualquier otra cosa que quieras poner sobre el altar que pueda representar el autocuidado y el amor a ti mismo.

También deberás sentarte a escribir una oración o la declaración de una intención para Ariel y el 666. Aquí tienes un ejemplo: «Ariel, te pido que me muestres cómo puedo amarme a mí mismo. Guíame en la toma de decisiones amorosas y abre mi corazón para que pueda verme a mí mismo a través de tus divinos ojos».

Una vez que hayas preparado el altar, te recomiendo que lo rocíes con un aerosol limpiador o que le pases por encima, una vez, el humo de un atado de hierbas que contenga pétalos de rosa. Esto contribuirá a despejar el espacio y configurarlo para tu trabajo con la oración. Una vez que hayas limpiado el altar y estés listo para empezar, haz un par de respiraciones especialmente profundas, enciende la vela y formula la declaración de tu intención en voz alta, comenzando con estas palabras: «Invoco al arcángel Ariel y el poder del 666 para que escuchen mi intención y me ayuden a hacerla realidad de la manera más enriquecedora y propicia. Que esta intención sea para mi mayor bien y para el bien de todos los que puedan estar implicados en que se materialice». Acto seguido, lee la declaración-oración que contiene tu intención: «Mi intención/oración es...».

Para finalizar el ritual, puedes apagar la vela o dejarla encendida, si no hay peligro. Si eliges apagarla, di estas palabras antes: «Mientras apago esta vela, confío en que su humo lleve mi intención hasta el cielo para que el universo la manifieste. Estoy lista (o listo) para recibir lo que he pedido. Que así sea». A continuación, apaga la vela, soplando.

A partir de ahora, lo que debes hacer es estar atento a todos y cada uno de los ofrecimientos de amor y devoción que lleguen a tu vida. No los juzgues ni cuestiones las motivaciones que pudiera haber detrás de ellos. En su lugar, aprende a decir gracias y aceptarlos, dejando que tu corazón los reciba sin condiciones, limitaciones ni expectativas. Confía en que el arcángel Ariel está fluyendo dentro y alrededor de la energía que está circulando por tu vida en estos momentos.

Actividad de escritura automática

Después de haber hecho tu trabajo con la oración, o incluso después de haber realizado la visualización, notarás que tu conexión con Ariel está más abierta y que empiezas a recibir mensajes e información, que pueden acudir como palabras sueltas, frases o un conocimiento interior. Esto hace que sea un buen momento para que saques tu cuaderno y aproveches esta conexión. Pon este título en una página: «Charlas con Ariel y la energía vibratoria conocida como 666». Si estás acostumbrado a llevar un diario, empieza a escribir, ya que sabrás cómo recibir la información a medida que fluya desde el número 666 y el arcángel Ariel. Si nunca has llevado un diario, puedes usar estas preguntas para iniciar el proceso:

1. Ariel, ¿cómo sabré que estás cerca?
2. ¿En qué área de mi vida necesito incorporar más el amor a mí mismo?

3. ¿Por qué he tenido dificultades, en el pasado, para amarme a mí mismo de la misma manera que tiendo a amar a los demás?

4. ¿Cómo puedo establecer prácticas más amorosas y devocionales en mi experiencia diaria?

5. ¿Cómo me ayudará hoy el hecho de sintonizar con la energía del 666?

Es posible que estas preguntas te lleven a fluir con la escritura y que antes de que te des cuenta las hayas dejado atrás. Sumérgete en el proceso, confía en que Ariel está guiando tu mano y no intentes encontrarle lógica a nada que surja inicialmente.

Cristal angélico: el cuarzo rosa

El cuarzo rosa es el cristal del corazón. Resuena con la frecuencia del amor maternal incondicional. Es por eso por lo que tanta gente se siente atraída por él. Tiene una presencia amable y amorosa, que puede calmar los nervios de la persona, devolver la energía a su cuerpo y curar poco a poco y suavemente las heridas del corazón. Esto lo convierte en el cristal perfecto en el que insuflar la energía del 666 y el suave y amoroso resplandor del arcángel Ariel. Para hacer esto, necesitarás un cuarzo rosa que puedas llevar en el bolsillo (ya que es posible que quieras llevar este cristal contigo a menudo), un papel lo bastante grande para poder envolver la piedra, una goma elástica o un trozo de cinta adhesiva para evitar que el papel se abra y un bolígrafo. También necesitarás una vela de color rosa para que esté en sintonía con el cuarzo rosa, una foto de ti y un temporizador; prográmalo para que suene al cabo de dos minutos de haberlo activado.

Para empezar, escribe el número 666 en la parte superior del papel. A continuación, escribe las siguientes afirmaciones debajo:

- «Soy amor; lo soy».
- «Soy la frecuencia del amor».
- «Estoy resonando con el amor».
- «Mi vida es una oración viva al amor».
- «Mi vida fluye con la frecuencia del amor divino cada día y en todos los aspectos».

Si quieres añadir algunas más de tu cosecha, hazlo, pero estas cinco son más que suficientes. Puedes decorar el papel si sientes la necesidad de hacerlo. También puedes poner fotografías de cosas que amas en el papel, así como la fotografía de ti mismo. Cuando el papel esté listo, pon el cuarzo rosa en medio y envuelve con él la piedra; finalmente, sujeta el papel con la goma elástica o el trozo de cinta adhesiva.

Cuando hayas terminado esta operación, siéntate frente al altar dedicado al arcángel Ariel. Pon la vela rosa sobre el altar y enciéndela. Ponte cómodo y mira la llama de la vela. Agarra el cristal con la mano (no importa cuál) y sostenlo contra tu corazón. A continuación, activa el temporizador. Durante los próximos dos minutos, repite «te amo» una y otra vez, hasta que suene la alarma del temporizador. Puedes mantener los ojos abiertos y enfocados en la llama, o si te resulta más fácil permanecer enfocado en el mantra, ciérralos. Cuando suene el temporizador, no te apresures a levantarte. Quédate sentado con el cristal y decide si lo mantendrás envuelto o si lo vas a desenvolver. No hay una opción correcta y otra incorrecta en este caso; confía en tu sentir. Si estás indeciso, déjalo envuelto y ponlo en el altar, hasta que lo necesites; entonces tendrás claro cómo vas a trabajar con esta piedra. Tal vez decidirás mantener el cristal envuelto, preservando así la energía en su interior, o sabrás que debes desenvolverlo y sentir la energía que está profundamente introducida y almacenada dentro de él. Confía en que cualquier decisión que tomes es la adecuada para ti, para tu corazón y para tu trabajo con la energía del 666 y el arcángel Ariel.

Otros números asociados a la energía de Ariel

660 Cuanto más amor te envíes, más oportunidades verás de amarte a ti mismo. Porque una vez que estás en el vórtice de tu propio amor, se expande y te muestra otras formas de expresarlo, crearlo y recibirlo.

661 Sé un líder en el campo del amor a uno mismo encontrando, hoy, formas de mostrar cómo el amor puede ser la herramienta más poderosa que tienes en tu cinturón de herramientas mágico. Envía amor a tu jefe, a tu supervisor, a cualquier persona que haya en tu vida que revise tu trabajo o que ocupe una posición más alta que tú. Visualiza que estas personas están rodeadas por la misma energía amorosa que te acoge a ti.

662 Envía amor a tu yo pasado. Mantén en tu mente una imagen de ti mismo tal como eras en el pasado y envíale todo el amor que puedas. Visualiza cómo este amor te baña, y sana y transforma la energía dolorosa que imbuía a tu yo pasado.

663 Envía amor a tu yo futuro. Vives en medio de una energía residual, lo que significa que lo que experimentas hoy es lo que configuraste para ti mismo hace semanas, meses o tal vez años. Así que, hoy, hazle un presente de amor a tu yo futuro. Elige una fecha futura, visualízate en ese momento y báñate en amor. ¡Piensa en lo maravillosa que será esta energía cuando llegue el momento!

664 Establece tus límites con amor. A menudo disponemos muros y límites a nuestro alrededor como mecanismos de defensa, y su vibración suele ser un gran miedo. Cuando veas este número, te estará pidiendo que derribes esos muros y construyas límites de amor. Establece límites y restricciones amorosos en torno a tu vida, tu cuerpo, tu mente y tu energía. Hacer esto como un acto de amor a ti mismo solo permitirá que regrese a ti la mejor energía.

665 Acepta el cambio con amor. Acógelo en tu corazón. Dile que lo amas y míralo bañado en la luz del arcángel Ariel, sabiendo que este cambio te llega directamente desde la frecuencia del amor mismo.

667 Ariel me dijo una vez que las lecciones de la vida no tienen por qué ser duras o ásperas. De hecho, dice que podemos pedirles que sean amables y amorosas. Entonces, hoy, cuando veas este número, recuerda que puedes solicitar lecciones amorosas en lugar de lecciones difíciles y estrictas.

668 Ama lo que tienes. Ama lo que has creado y ama todo lo que aún deseas tener. Llenar de amor tu mundo material significa que cada intercambio en el que participes será intencional, empoderador y expansivo.

669 Tómate un momento para reflexionar sobre el amor que se te ha dado a lo largo de tu vida. No juzgues su calidad o su tamaño; solo reconoce que ha estado ahí, que aún está ahí y que siempre estará ahí. Viniste del amor y al amor volverás.

8

777 - ARCÁNGEL RAZIEL
Lo desconocido es tu guía; confía en ello

Cuando te abres a lo que no sabes, encuentras más elementos con los que enriquecer y expandir tu vida.

Significado profundo del 777

¿Alguna vez has advertido que cuanto más sabes, más te das cuenta de que no sabes? Esta es la energía del 777. Es la búsqueda y la insaciable sed de conocimiento. En muchos aspectos, el 777 es una llamada a un aprendizaje superior y a expandirse en todos los sentidos, no solo de una manera mental. Cuando el 777 aparece en tu vida, te alerta sobre el hecho de que hay lecciones en marcha. Algunas pueden ser lecciones nuevas y otras pueden ser viejas, que aparecen de nuevo para ser aprendidas, resueltas y sanadas. Lo interesante en cuanto al 777 es que puedes ser el maestro o el alumno. No hay división entre ambos en lo que respecta al 777; esta es la razón por la que pensamos que este número es el del maestro/alumno. Porque si estamos en el camino del conocimiento, la sabiduría y la comprensión, el 777 vendrá a nosotros tanto si en ese momento nuestro rol es el de alumno como si es el de maestro. Enseñas a aquellos que no han avanzado tanto como tú en el camino, pero también aprendes de aquellos que han llegado más lejos.

En este sentido, el 777 nos muestra que el conocimiento es algo que se da y se recibe. Es un baile entre múltiples parejas que están cambiando y girando todo el rato, por lo que nunca sabes a quién o qué te encontrarás a continuación. Cada nueva persona o situación desconocida trae consigo una nueva lección que aprender y alguien a quien impartir una parte de la propia sabiduría. El arcángel Raziel sabe que estamos intercambiando conocimiento todo el rato. Siempre estamos dialogando con el 777, la mayor parte del tiempo sin saberlo. Enseñamos por el solo hecho de estar vivos. Aprendemos por el solo hecho de vivir. Este empujar y tirar, este dar y recibir, este yin y yang es la forma en que surcamos la energía del 777. Este viaje consiste en aprender a través de lo desconocido, ya que siempre estamos recibiendo o compartiendo información.

El arcángel Raziel te pregunta: «¿Qué lección está tratando de llamar tu atención?». Para responder esta pregunta, presta atención la próxima vez que el 777 aparezca en tu vida. ¿Qué situación estás atravesando en ese momento? ¿Quién está contigo? ¿Dónde te encuentras físicamente? Solía ver el 777 en placas de matrícula cuando iba conduciendo a impartir clases o talleres. Infaliblemente, cada vez que me dirigía a enseñar, lo veía justo frente a mí. Llegué al punto de esperar verlo. Lo fantástico era que si bien era yo la que estaba impartiendo la clase o el taller, siempre salía del aula sabiendo algo que no sabía que no sabía. Esto es exactamente lo que nos trae el 777: lo desconocido y las cosas que no sabíamos que no sabíamos. Esto hace que lo desconocido sea una de las mejores guías con las que contamos. El arcángel Raziel lo sabe; por eso le encanta hacer aparecer el 777 en nuestra vida en el momento justo. Piensa en el 777 como la forma que tiene Raziel de conspirar para tu mejor y mayor bien. Te está indicando algo que no sabías pero que necesitas saber, y algo que nunca habrías buscado porque no sabías que no lo sabías, si bien necesitabas saberlo. ¿Estás confundido? A Raziel le gusta trabajar con acertijos y líneas en zigzag desordenadas, así que no te preocupes si en este momento tu cabeza está dando vueltas. Confía en que el 777 está apareciendo en tu vida porque necesitas aprender algo, como una lección, una idea o un cambio de perspectiva, o porque debes vivir un momento de aprendizaje que no sabías que necesitabas hasta que apareció.

El ángel Raziel

Raziel es un embaucador, un mago, un maestro de los enigmas y un matemático. Es hábil con los acertijos, las ecuaciones y las indagaciones, y le encanta sacar a la luz el conocimiento oculto. Siempre que haya un problema que resolver o algo nuevo que aprender, Raziel estará allí. Me presentaron a Raziel cuando estaba tratando de llegar a un acuerdo con todos mis nuevos amigos ángeles. Mi vida había dado un vuelco y estaba pisando las aguas del lago Unknown ('desconocido').* Me gustaría decir que Raziel estuvo allí para lanzarme un salvavidas, pero ese no es su estilo. Es más el tipo de ángel que permanece en la orilla y te lanza preguntas mientras intentas aprender a nadar. Verás, Raziel no te dará respuestas. A él le gusta crear las condiciones que te permitirán encontrar tus propias respuestas, experimentar tus propios avances y encontrar la forma de regresar a la orilla. A este arcángel no le interesa la perfección, sino los resultados. Cuanto más complicada es la ecuación y más te cuesta encontrar la solución por ti mismo, más feliz es Raziel; esta es una de las claves para trabajar con este ángel y la energía del 777.

No se supone que confiar en lo desconocido tenga que ser agradable. No hay formas elegantes de aprender lo que uno no sabe. Hay que basarse en el ensayo y error. Se trata de hacer las cosas mal antes de hacerlas bien. El caso es que cuando Raziel llama a la puerta puedes tener la certeza de que la vida está a punto de ponerse muy interesante. Por lo tanto, ponte ropa cómoda, recógete el cabello y prepárate para ensuciarte las manos. No se trata de estar listo o preparado mental o espiritualmente. Se te expulsará de tu zona de confort; entonces Raziel mirará profundamente en tu alma y te pedirá que tengas fe. Te pide que tengas fe en lo que está sucediendo, en lo que se está revelando; y te pide que confíes en que el desorden y la confusión te están llevando por el camino del conocimiento,

---

* N. del T.: A pesar del evidente sentido metafórico de las palabras de la autora, el lago Unknown existe; se encuentra en Nueva Zelanda.

las respuestas y las soluciones. En muchos sentidos, esto es liberador, ya que no existe una forma correcta o incorrecta de trabajar con el 777 y el arcángel Raziel. Cuando el 777 entra en tu vida, es hora de que identifiques las áreas de tu vida en las que experimentes perturbaciones; incluso puede tratarse de un área en la que crees que has perdido el control o en la que te sientes superado. Aquí es donde encontrarás al arcángel Raziel.

Dicho lo anterior, no me malinterpretes: él no crea el caos; solo se esfuerza por encontrar la información necesaria para calmar la tormenta y hacer que tú y todos los implicados regreséis a una nueva sensación de normalidad. Esto forma parte de saber lo que no sabías que no sabías. Una vez que hayas identificado esta área de tu vida, es hora de que des el primer paso en tu viaje con el 777 y Raziel. Este paso es rendirte. Suelta todo lo que crees que sabes. Cuando uno puede vaciar la mente, hace espacio para que entren cosas nuevas. Cuanto más vacío puedas estar, más podrán llenarte el conocimiento y la comprensión que tanto Raziel como el 777 pueden brindarte.

Visualización/meditación de Raziel: ábrete a recibir respuestas, soluciones y nueva información

Con esta meditación guiada podrás conectarte con el arcángel Raziel y la energía vibratoria del 777. La finalidad de esta actividad es ayudarte a conectarte con la frecuencia del conocimiento, la sabiduría y la comprensión. También la puedes realizar para eliminar cualquier temor o duda que puedas tener. Esta energía basada en el miedo podría muy bien ser una resistencia a abrirte y aprender algo nuevo; también podría estar evitando que la respuesta a una pregunta o la solución a un problema llegue a tu vida. Esta meditación puede ayudarte asimismo a desenganchar la mente de un problema dado y permitir que lo invisible se vuelva visible. No existe una forma correcta o incorrecta de experimentar esta energía; se muestra de manera diferente a cada persona. Mientras realizas la meditación, tal vez experimentarás sensaciones en el cuerpo, calor, frío o incluso como si algo o alguien te estuviera tocando la cara y la cabeza. O acaso verás colores, o tus sentidos se agudizarán. También cabe la posibilidad de que no sientas nada la primera vez que hagas la meditación, o incluso la segunda o tercera vez. Solo debes saber que independientemente de lo que te suceda o no, Raziel estará ahí contigo y mantendrá un espacio sagrado para que explores todo lo que pasará a ser visible para ti. Asegúrate de hacer esta meditación en un lugar tranquilo y en el que no te vayan a molestar. Si sientes el impulso de hacerlo, puedes encender una vela azul, ya que el azul es el color del chakra de la garganta, el centro de la comunicación. La vela debe permanecer encendida durante toda la meditación; acuérdate de apagarla cuando hayas terminado. Puedes grabar este guion y escucharlo para poder cerrar los ojos, o puedes mantener los ojos abiertos y leerlo. En cualquiera de los casos, conectarás con la energía y será beneficiosa para ti. Por lo tanto, haz lo que te resulte más cómodo.

Empecemos.

Ponte cómodo. Permítete relajarte en una silla confortable, o túmbate si lo prefieres, siempre que no vayas a dormirte, ya que tu conciencia deberá estar enfocada y percatarse de todo lo que estás haciendo y de la energía con la que te estás armonizando. Cuando ya estés en una postura cómoda, concéntrate en la respiración. Siente cómo el aire toca la parte posterior de la garganta, llega a los pulmones y llena el abdomen. Mientras espiras, siente cómo el aire sale de tu boca. Mientras sigues respirando, piensa en un problema o una situación que te esté planteando dificultades o en una pregunta para la que hayas estado buscando una respuesta. Si no estás lidiando con ningún tema difícil en tu vida ahora mismo, tal vez quieras ver lo que no puedes ver desde la manera que tienes de enfocar las cosas actualmente. En cualquiera de los casos, meditarás intencionalmente para que se revele algo que te ha estado eludiendo o de lo que debes tomar conciencia en este momento.

Concéntrate en la respiración; inspira por la nariz y exhala el aire por la boca. Haz que las respiraciones sean lo más largas y profundas posible. Mientras inspiras, incorpora la pregunta o la situación. Mientras espiras, ábrete para recibir una respuesta o solución. Inspira lo desconocido y espira lo que se está revelando. Cuando te sientas a gusto trabajando con la respiración de esta manera, invita al arcángel Raziel a que entre en tu espacio de meditación, tu energía y tu aura. Permítele que te armonice con la frecuencia de lo conocido, lo encontrado y lo revelado. Puedes verlo como un color o un rayo de luz que envuelve tu pregunta, situación o problema. También puede aparecer como una figura completa que va a indicarte respuestas y decirte cosas que no sabías. Deja que la experiencia se despliegue tal como lo está haciendo y sigue trabajando con la respiración; continúa haciendo inspiraciones lentas y profundas y soltando todo el aire. Permanece con esta energía hasta que sientas que has recibido todo lo que podías recibir por ahora. Sabrás que este momento ha llegado porque sentirás que te invade una gota de energía o una frescura, o pasarás a tener la certeza interna de que el proceso ha concluido.

Cuando hayas acabado y sepas con seguridad que tu conexión con lo que buscabas se ha liberado, vuelve a enraizarte en tu cuerpo poco a poco y a tomar conciencia de la habitación. Ahora que la experiencia aún está fresca en tu mente, agarra tu cuaderno o un bloc de notas y escribe todo lo que se te ha revelado, incluida la forma en que se te ha presentado Raziel. Si tienes la respuesta o solución a tu tema, tu próximo paso consistirá en tomar medidas al respecto. Sin embargo, si sientes que la información que has recibido está incompleta, repite la meditación hasta obtener las respuestas que buscas. El arcángel Raziel nunca se cansa de responder preguntas, resolver problemas complejos o simples, o mostrar cosas nuevas. Por lo tanto, puedes hacer esta meditación una y otra vez.

Cómo preparar un altar para el 777 y el arcángel Raziel y cómo trabajar con él

Todos tenemos cosas que queremos aprender. Todos tenemos nuevas ideas, nuevas habilidades o nuevas aventuras que nos gustaría explorar. El primer paso en relación con todo ello es estar abierto a los nuevos conocimientos, a una nueva sabiduría y a nuevas formas de ser y hacer. Lo más fácil es configurar este altar para una cosa nueva cada vez. Si quieres volver a estudiar, escríbete una carta como si fueras el responsable de admisiones de la facultad o universidad a la que deseas ir. Dite a ti mismo que has sido aceptado. Recrea la escena para que sea tan encantadora y maravillosa como puedas soñar. Si estás trabajando para conseguir un nuevo empleo, escribe una carta como si fueses el responsable de personal felicitándote por tu nuevo puesto. Sea cual sea la nueva aventura, escribe una carta que te dé luz verde. Reclama que eso se manifieste y créetelo. A continuación, pon la carta en tu altar junto con una imagen o fotos que estén en sintonía con lo que le estás pidiendo a Raziel.

Para tu altar necesitarás una imagen del arcángel Raziel (una posibilidad es que la imprimas con tu impresora, otra posibilidad es que se encuentre en una carta sacada de una baraja oracular, etc.), una vela de color azul marino para abrir la comunicación, el 777 escrito en un papel verde, un poco de sal para que brinde protección, una pizca de tierra para anclar tu oración, algunas plumas para representar a los ángeles, y cualquier otra cosa que quieras que esté presente en el altar.

Tal vez quieras sentarte a redactar una oración o la declaración de una intención para Raziel y el 777. Podrías escribir, por ejemplo: «Raziel, te pido que me ayudes a subir de nivel con el fin de que pueda obtener nuevas habilidades y esforzarme de maneras que me hagan crecer y expandirme. Te pido que me guíes y me apoyes mientras doy un salto de fe para entrar en esta aventura desconocida».

Una vez que hayas elaborado el altar, te recomiendo que lo rocíes con un aceite esencial en forma de aerosol. Esta operación ayudará a despejar el espacio en los planos mental y energético y lo dejará listo para trabajar con la oración. Cuando tengas tus herramientas mágicas y el altar esté preparado y a punto, respira hondo un par de veces, enciende la vela y formula la declaración de tu intención en voz alta, empezando con estas palabras: «Invoco al arcángel Raziel y el poder del 777 para que escuchen mi intención y me ayuden a hacerla realidad de la manera más inteligente y sabia posible. Que esta intención sea para mi mayor bien y para el bien de todos los que puedan tener que ver con que se cumpla». Acto seguido, lee la declaración-oración que contiene tu intención: «Mi intención/oración es...».

Para finalizar el ritual, puedes apagar la vela o dejarla encendida, si no hay peligro. Si eliges apagar la vela, di estas palabras antes: «Mientras apago esta vela, confío en que su humo lleve mi intención hasta el cielo para que el universo la manifieste. Estoy lista (o listo) para recibir lo que he pedido. Que así sea». A continuación, apaga la vela, soplando.

A partir de este momento, lo que debes hacer es mantenerte abierto y receptivo, confiando en que Raziel ha escuchado tu oración y en que has lanzado ondas en tu línea de tiempo del futuro.

Actividad de escritura automática

Después de haber hecho tu trabajo con la oración, o incluso después de haber realizado la visualización, notarás que tu conexión con Raziel está abierta y que él empieza a comunicarse contigo. Esta comunicación puede producirse en forma de palabras sueltas, frases o un conocimiento interior. Si te sientes motivado, saca tu cuaderno y aprovecha esta conexión. Pon este título en una página: «Charlas con Raziel y la energía vibratoria conocida como 777». Si estás familiarizado con la práctica de llevar un diario, empieza a escribir, ya que sabrás cómo recibir la información a medida que fluya desde el número 777 y el arcángel Raziel. Si nunca has llevado un diario, puedes usar estas preguntas para iniciar el proceso:

1. Raziel, ¿cómo sabré que estás cerca?
2. ¿En qué ámbitos no estoy confiando en mí mismo ni en mi sabiduría interior?
3. ¿Por qué me ha costado, en el pasado, confiar en lo desconocido y conectar con mi propia sabiduría interior?
4. ¿Cómo puedo ser más consciente de las señales que me mandas y confiar en que me están indicando la dirección correcta?
5. ¿Cómo me ayudará hoy el hecho de sintonizar con la energía del 777?

Es posible que estas preguntas te lleven a fluir con la escritura y que antes de que te des cuenta las hayas dejado atrás. Sumérgete en el proceso, confía en que Raziel está guiando tu mano y no intentes encontrarle lógica a nada que surja inicialmente.

Cristal angélico: el diamante Herkimer

El diamante Herkimer es uno de los pocos cristales que se pueden emplear para almacenar información y usarla más adelante. Es como un cuaderno de notas viviente. Esto lo convierte en un cristal de sabiduría y guardián del conocimiento. Ten uno de un tamaño que puedas llevar en el bolsillo; si lo conservas permanentemente, podría enseñarte algo nuevo incluso si no lo has cargado. Esto hace que este cristal sea la piedra perfecta en la que descargar y almacenar la energía del 777 y el arcángel Raziel. Para codificar este cristal con la frecuencia del 777 e insuflarle la energía de este arcángel, antes deberás limpiarlo. Puedes hacer esto pasándolo a través del humo de salvia, palo santo o incluso ciprés ardientes. También puedes ponerlo junto a una lámpara de sal o sobre un ladrillo de sal. La razón de efectuar esta limpieza es que conviene que tu «cuaderno de cristal» sea un lienzo en blanco en el que puedas poner tu codificación. También necesitarás saber cuándo es la próxima luna creciente, ya que aprovecharás el poder de esa fase lunar en particular. Durante la luna creciente, se sacan a la luz cosas que habían permanecido en la oscuridad; y justo esto es lo que hace Raziel con lo desconocido.

Cuando tengas el cristal a punto, podrás comenzar a reunir el resto de tus herramientas mágicas. Necesitarás un papel, un bolígrafo, un trozo de cinta adhesiva o una goma elástica, un poco de sal para que brinde protección (cualquier tipo de sal servirá), un poco de tierra para fomentar el enraizamiento (cualquier tipo de tierra estará bien), un poco de azúcar para endulzar el hechizo (cualquier tipo de azúcar cumplirá la función) y una vela blanca (este color representa todos los colores) o dorada (para conectar con la Divinidad). Una vela de té servirá si eso es todo lo que tienes a mano.

Toma tu pizca de sal, azúcar y tierra y mézclalo todo. Esta mezcla servirá para arraigar y proteger la energía mientras se conserva el componente de diversión y juego. Pon la mezcla en un platito y déjala a un lado por el momento. Ahora, agarra el papel y escribe el número 777 en él, lo más grande que puedas; haz que ocupe toda la página. A continuación, pon el diamante Herkimer en el centro del papel y espolvoréale la mezcla de sal, azúcar y tierra por encima. Envuelve el cristal con el papel y sujeta este con el trozo de cinta adhesiva o la goma elástica. Pon el cristal, así envuelto, en el altar.

Asegúrate de que esta sea la primera noche de la fase de luna creciente y enciende la vela.

Di el siguiente encantamiento:

Invoco el poder del 777 para que active mi cristal.

Dale el poder de mostrarme lo que ha permanecido oculto cuando sea necesario.

Invoco al arcángel Raziel para que insufle su poder en este cristal y me conduzca a saber todo aquello que necesite saber cuando deba saberlo.

Invoco la energía de la luna creciente para que me guíe fuera de la oscuridad de la ignorancia y hacia la luz del conocimiento y la comprensión.

Con estas tres energías combinadas, ahora activo mi cristal.
Hecho está.

Deja tu diamante Herkimer en el altar hasta el primer día de luna llena. Entonces, desenvuélvelo. Devuelve a la tierra la mezcla de sal, azúcar y tierra y pon el cristal al lado de tu cama o en tu espacio de trabajo. Úsalo en un contexto meditativo cuando quieras obtener una respuesta a una pregunta o ponlo debajo de tu almohada para tener sueños que puedan brindarte información e inspiración.

Otros números asociados a la energía de Raziel

770 Es hora de que te lances a hacer algo que nunca has hecho. Las cosas nuevas son una excelente manera de aprender, crecer y expandirse. En este momento, tus posibilidades son infinitas.

771 Hoy es un día en el que aprender algo nuevo sobre ti mismo. Date una oportunidad, sal y conócete más profundamente.

772 Hoy, descubre algo nuevo sobre tu pareja o tu cónyuge. Pídele que comparta algo que no supieras sobre él o ella.

773 Los amigos tienen mucho que enseñarnos. Estate atento hoy para recibir una lección amistosa sobre cómo disfrutar del mundo que te rodea.

774 *Estructura* no siempre es sinónimo de *aburrido*; de hecho, a menudo se pueden encontrar oportunidades de expansión en las tareas diarias más mundanas.

775 Los momentos de cambio son los mejores para encontrar una nueva habilidad, aprender una nueva lección y ampliar los propios conocimientos. Ahora es el momento de que aproveches el cambio que se está produciendo en tu vida y veas qué conocimiento te aporta.

776 Cuidar de uno mismo es un viaje que dura toda la vida. El trayecto contiene muchos giros y curvas y todo el rato aprendemos cosas sobre nosotros mismos, nuestras necesidades y nuestros deseos. Hoy, usa el tiempo que dedicas a tu cuidado personal para aprender acerca de un nuevo deseo que tengas.

778 El mundo físico es la mejor aula que existe. Si necesitas una respuesta a un problema, mira a tu alrededor, ya que lo más probable es que dicha respuesta se encuentre justo delante de tus narices.

779 Los finales son momentos de crecimiento y expansión; nos enseñan cómo soltar, cómo estar agradecidos y cómo dejar atrás aquello que ya no necesitamos. Hoy, un final te está dando espacio para que sueltes y aprendas a estar agradecido por los finales que estás experimentando actualmente.

9

888 - ARCÁNGEL RAGUEL
Estás en la frecuencia de la abundancia divina

Permanece en la corriente divina y
comprende que la ley de la abundancia
en el mundo físico empieza contigo.

Significado profundo del 888

El número angélico 888 está aquí para recordarte que siempre estás conectado a la corriente divina. Tal vez no siempre te lo parezca, pero eso solo se debe a que no estás enfocado en lo que va como deseas, sino en lo que no va como te gustaría. El arcángel Raguel y el 888 quieren que vuelvas a la corriente divina. Desean que cambies tu punto de vista y comiences a crear un vórtice; porque cuando estamos en armonía con este vórtice, siempre parece haber suficiente y no podemos evitar encontrar aún más áreas de nuestra vida en las que impera la abundancia. Así opera la ley de la abundancia en realidad. Primero, empezamos a encontrarla, después es cada vez mayor, y antes de que nos demos cuenta hemos creado un imán gigante que no deja de atraerla.

Cuando el 888 aparece en tu vida diaria, es hora de dejar que el fluir acontezca, de entregar tus expectativas y excusas a Raguel y de dejar que él te mantenga en el río de la abundancia divina. Permite que el 888 te lleve río abajo, hacia todo lo que te está esperando y hacia todo lo que siempre te ha estado aguardando. El fluir es ese estado maravilloso en el que todo encaja sin esfuerzo. Las personas, los lugares y las situaciones se alinean para ti con facilidad y delicadeza. Es casi como si estuvieras en medio de un milagro que está aconteciendo. El número angélico 888 es la frecuencia de esta energía. Es el código de acceso a tu abundancia divina personal. Sin embargo, para entrar realmente en esta frecuencia, para aprender a inculcarla en tu vibración, primero debes ser consciente de ella. El arcángel Raguel sabe lo fácil que puede ser que los seres humanos permitan que el mundo exterior dicte su frecuencia y los contraiga, incluso cuando no hay ninguna razón para ello. No es sorprendente que algunas personas se sientan constantemente excluidas o abandonadas. El número angélico 888 nos dice que esto no tiene por qué ser así y que fuera de nosotros mismos podemos encontrar elementos que apoyen cualquier punto de vista.

Aquí es donde se produce la magia interna del 888. En el momento en que decides, en el segundo en que eliges abrir las puertas para que la abundancia divina entre en ti, le estás dando permiso al mundo exterior para que empiece a acumular pruebas de que te encuentras en medio de la abundancia. Por lo tanto, la próxima vez que veas el 888, conéctate con tu yo interior, permítele que te muestre que estás en la frecuencia de la abundancia divina, visualiza que la Divinidad te besa y luego deja que el arcángel Raguel te traiga la abundancia que es legítimamente tuya. Empieza a buscar activamente aspectos que estén fluyendo sin esfuerzo en tu vida. Ábrete a recibir con armonía y observa cómo fluye más amor desde ti hacia todos los que te rodean. Así es como fluye la ley divina: de Dios hacia ti, y de ti hacia todos los que vienen a tu mundo. El número angélico 888 te dice que te armonices, te abras, recibas y compartas, y que repitas este proceso.

El ángel Raguel

Como creo en la transparencia, tengo que admitir que Raguel es un ángel bastante nuevo para mí, lo que significa que no llevamos mucho tiempo trabajando juntos. Es uno de los muchos ángeles nuevos que han entrado en mi vida en los dos últimos años. En este sentido, lo veo un poco como un ángel asociado a la consecución de un nuevo nivel. Con esto quiero decir que se presenta cuando estamos listos para subir de nivel y cuando nos estamos preparando para entrar en una nueva frecuencia áurica. Esto hace que su conexión con el 888 sea aún más potente, ya que el ocho tiene que ver con desenvolverse en el mundo material. Para mí, tres ochos muestran el tercer nivel de gestión del plano físico. En este nivel, hemos ido más allá de las necesidades básicas, incluso más allá de los deseos y apetencias del ego, y estamos trabajando para equilibrar nuestras necesidades espirituales y nuestra experiencia física.

No es por casualidad que Raguel, junto con un puñado de ángeles más, llegase a mi vida cuando decidí abandonar mi experiencia de vida del momento. Mi esposa y yo decidimos que quedarnos quietas reuniendo más y más cosas materiales no era para nosotras, así que lo regalamos todo y metimos nuestra vida en dos maletas. Esto nos empujó a confiar en la corriente divina, a tener fe en que nuestra abundancia siempre estaría ahí y en que los ángeles no nos defraudarían. Nos situamos en el borde de lo conocido y saltamos hacia lo desconocido, sin contar con una red de seguridad. Y el arcángel Raguel nos estaba esperando con los brazos abiertos. No fue sorprendente que en las primeras semanas de esta nueva vida viéramos el 888 en todas partes, y con esto quiero decir en todas partes: habitaciones de hotel, matrículas, extractos bancarios, vallas publicitarias... De hecho, cada vez que vivo un momento de inestabilidad aparece el 888 y siento a Raguel cerca; me recuerda que permanezca abierta, que busque la frecuencia, que esté atenta a las sincronías y que comience a reunir indicios de que todo está bien y es como debe ser.

No hay duda de que si el arcángel Raguel entra en tu vida, la confianza que tienes en ti mismo ha alcanzado un nuevo nivel, porque aquí, en la frecuencia del 888, debes tener confianza en ti mismo. Tienes que confiar en que sabrás cuándo y dónde sintonizar con la corriente de la abundancia. También debes confiar en que sabrás cuándo y dónde encontrar pruebas de que te has armonizado con la ley de la abundancia. Asimismo, debes confiar en que permitirás que el arcángel Raguel te traiga lo que necesites cuando lo necesites, en todo momento, sin excepciones. Todo esto requiere un grado de confianza muy elevado. Esto podría explicar por qué Raguel solo aparece en ciertos momentos de la vida. Tienes que estar preparado para la energía que aporta. Tienes que querer montar la onda de frecuencia que te traerá el 888. Y lo que es más importante, debes estar dispuesto a dejarte llevar y confiar.

Visualización/meditación de Raguel: reinicia tus sentimientos centrales en torno a la abundancia

Con esta meditación guiada podrás conectar con el arcángel Raguel y la energía vibratoria del 888 para que te ayuden a tener más abundancia en tu vida. No existe una forma correcta o incorrecta de experimentar esta meditación. Mientras la realizas, tal vez notarás sensaciones en el cuerpo, calor, frío o incluso como si algo o alguien te estuviera tocando la cara y la cabeza. O acaso verás colores, o tus sentidos se agudizarán. También cabe la posibilidad de que no sientas nada la primera vez que hagas la meditación, o incluso la segunda o tercera vez. Solo debes saber que independientemente de lo que te suceda o no, Raguel estará ahí contigo y mantendrá un espacio sagrado para que explores todo lo que pasará a ser visible para ti.

Asegúrate de hacer esta meditación en un lugar tranquilo y en el que no te vayan a molestar. Si sientes el impulso de hacerlo, puedes encender una vela blanca, ya que las velas blancas son inclusivas. La vela debe permanecer encendida durante toda la meditación; acuérdate de apagarla cuando hayas terminado. Puedes grabar este guion y escucharlo para poder cerrar los ojos, o puedes mantener los ojos abiertos y leerlo; haz lo que te resulte más cómodo.

Antes de comenzar esta meditación, quiero que pienses en los tres sentimientos centrales que deseas tener en abundancia en tu vida. Estos tres sentimientos centrales crearán el vórtice de energía tanto de tu mundo interior como de tu mundo exterior, así que elige cuidadosamente cuáles quieres expandir. Quizá te gustaría tener mucho amor, mucha bondad o mucha paz. Se trata de tus sentimientos, y te corresponde a ti elegir cuáles quieres potenciar. Una vez que sepas cuáles serán tus tres sentimientos centrales para esta meditación, te recomiendo que los anotes en un papel para que puedas tenerlos contigo.

Ahora, llamemos al arcángel Raguel y pidámosle que esté contigo hoy, que venga y abra tu chakra del corazón, tu chakra del tercer ojo y tu chakra sacro, ya que usarás estos tres centros de energía para crear, sentir y mantener la visión de la abundante energía expansiva que vas a reclamar en tu vida hoy. Concéntrate en la respiración; inspira por la nariz y espira por la boca tan profunda y lentamente como puedas, confiando en que mientras relajas el cuerpo, calmas la mente y te enfocas en la respiración, el arcángel Raguel está abriendo lentamente tus tres chakras e insuflándoles su energía angelical. Mientras realiza este trabajo energético en ti, haz que tu mente pase a enfocarse en el segundo chakra, que es el espacio que hay entre la pelvis y es el centro de la creación. Al pasar a concentrarte en este centro energético, envíale el sentimiento que te gustaría tener en abundancia. Visualiza cómo la palabra que designa este sentimiento entra en la luz que ha creado el arcángel Raguel y en tu chakra. Respira hondo y a continuación envía tu segundo sentimiento central a este chakra también. Seguidamente, envía ahí tu tercer sentimiento, para que los tres sentimientos centrales queden amorosamente codificados en tu segundo chakra.

Mientras respiras, verás que el arcángel Raguel ha dado un color específico a cada uno de tus sentimientos centrales, es decir, a las energías que deseas expandir y tener en abundancia en tu vida. Estos colores giran en forma de remolino dentro del segundo chakra como una hermosa luz. Mientras sigues inspirando y espirando, observa cómo el arcángel Raguel tira hacia arriba esta mezcla lumínica; la saca del segundo chakra y la deposita dentro del chakra del corazón. Ahora gozas de una energía conectadora que se extiende desde el sacro hasta el corazón, ya que los tres sentimientos centrales que has elegido empiezan a conectarse más profundamente con tu cuerpo físico y el energético. Sigue respirando y enfocándote en esa luz mientras va subiendo más arriba por tu cuerpo. Haz otra respiración lenta y profunda mientras el arcángel Raguel desplaza las tres bandas de luz colorida, esos tres sentimientos centrales, hasta tu tercer ojo, es decir, el chakra que está en medio de tu frente. Insuflará esta energía coloreada a este centro energético, que es el centro de la visión y la vista. Ahora podrás ver cómo será la vida una vez que estas energías, presentes en abundancia, pulsen a través de tu cuerpo y se expandan en el mundo.

Imagina tu experiencia diaria bendecida por estos tres sentimientos centrales presentes en abundancia. Visualiza cómo pasas sin esfuerzo de un sentimiento central a otro; envuelves con ellos tus tareas diarias e insuflas esta energía a todas las personas con las que entras en contacto, cambiando así, literalmente, la creación de tu mundo exterior. Continúa sosteniendo esta visión mientras ves que estas hermosas luces, estas tres bandas de color, se expanden más allá de ti y llegan a todos aquellos con quienes entras en contacto. Visualiza que se expanden aún más: a tu comunidad, a tu región y a tu país; y, finalmente, por todo el mundo. Sigue enviando esta luz al mundo entero; inserta, imprime y codifica en esta energía la instrucción de que se amplifique, se magnifique y esté presente en abundancia para ti y todos los que la requieran. Mantén esta visión durante un par de minutos, acordándote de hacer respiraciones lentas y profundas (inspirando por la nariz y espirando por la boca). Cuando sientas que la energía comienza a desvanecerse, haz otra respiración profunda y deja la visualización mientras el arcángel Raguel termina su trabajo energético y envía esa luz por todo tu cuerpo, a cada célula.

Cuando la visión se haya desvanecido por completo, da las gracias al arcángel Raguel por presentarse hoy y ayudarte con este trabajo. Regresa al trabajo con la respiración, inspirando por la nariz y espirando por la boca mientras vuelves al centro poco a poco. Regresa al momento. Mueve los dedos de los pies y las manos y haz movimientos circulares con el cuello y los hombros mientras llevas la conciencia, suavemente, al cuerpo y a la habitación en la

que estás sentado. Cuando estés listo, abre los ojos y retoma las actividades del día. Si has hecho esta meditación
por la noche, bebe un poco de agua para expulsar las toxi-
nas que pueda haber en tus riñones y relájate suavemente
hasta quedarte dormido.

Cómo preparar un altar para el 888 y el arcángel Raguel y cómo trabajar con él

Este va a ser tu altar dedicado a la ley de la atracción. Este
es el único altar que puedes instalar y dejar en algún lugar
de tu casa e ir cambiando en él, solamente, aquello que
deseas atraer. También es el altar con el que puedes di-
vertirte más. ¿Quieres que el arcángel Raguel te ayude a
manifestar un coche nuevo? Compra un coche de juguete
que sea una réplica del que deseas y ponlo en tu altar, o
encuentra una foto de él en Internet, imprímela y ponla en el altar. ¿Quieres manifestar más dinero? Compra
una estatuilla que represente un saco de dinero o una olla
de oro, o si tienes imágenes de dinero, también puedes
usarlas. ¿Quieres manifestar las vacaciones de tus sueños?
Bueno, creo que ya sabes lo que tienes que hacer. Reúne
todos tus avatares de manifestación y diviértete preparando tu altar. Otros elementos que necesitarás para este altar destinado a precipitar bendiciones son una imagen de
Raguel (puede ser la que haya en una carta sacada de una
baraja oracular), una vela verde o dorada (ya que estos colores están relacionados con la abundancia), el 888 escrito
en un papel dorado o amarillo, un poco de sal para aportar protección, una pizca de tierra para anclar la energía,

algunas plumas para representar a los ángeles y cualquier otro elemento que sientas que debería estar en el altar.

También puede ser que quieras sentarte a escribir una oración o la declaración de una intención para Raguel y el 888. Aquí tienes un ejemplo: «Raguel, mantenme en la frecuencia de mi abundancia divina. Muéstrame cómo puedo hacer que mis pensamientos permanezcan en sintonía con mi visión. Ayúdame a que mis emociones vibren con un resultado positivo y permíteme traer más paz y bendiciones a mi vida diaria».

Una vez que hayas preparado el altar, te recomiendo que lo rocíes con un aerosol de salvia o que le pases por encima, una vez, humo de salvia o palo santo, con el fin de despejar mental y energéticamente el espacio y acabar de configurarlo para tu trabajo con la oración. A continuación, ya puedes empezar. Haz un par de respiraciones especialmente profundas, enciende la vela y formula la declaración de tu intención en voz alta, comenzando con estas palabras: «Invoco al arcángel Raguel y el poder del 888 para que escuchen mi intención y me ayuden a hacerla realidad de la manera más abundante. Que esta intención sea para mi mayor bien y para el bien de todos los que puedan estar implicados». Acto seguido, lee la declaración-oración que contiene tu intención: «Mi intención/oración es...».

Para finalizar el ritual, puedes apagar la vela o dejarla encendida, si no hay peligro. Si eliges apagarla, di estas palabras antes: «Mientras apago esta vela, confío en que su humo lleve mi intención hasta el cielo para que el universo la manifieste. Estoy lista (o listo) para recibir lo que he pedido. Que así sea». A continuación, apaga la vela, soplando.

Lo que debes hacer ahora es permanecer abierto y receptivo, y confiar en que todo lo que estás manifestando está en camino y llegará cuando la Divinidad lo determine, y de la manera más divina.

Actividad de escritura automática

Después de haber hecho tu trabajo con la oración, o incluso después de haber realizado la visualización, tal vez notarás que tu conexión con el arcángel Raguel está abierta y, posiblemente, que empiezas a recibir mensajes e información, que pueden llegar en forma de palabras sueltas, oraciones o incluso un conocimiento interior. Si sientes que quieres aprovechar esta conexión mientras está abierta, puedes agarrar tu cuaderno y sacarle partido a este diálogo. Pon este título en una página: «Charlas con Raguel y la energía vibratoria conocida como 888». Si estás acostumbrado a llevar un diario, empieza a escribir, ya que sabrás cómo recibir la información a medida que fluya desde el número 888 y el arcángel Raguel. Si nunca has llevado un diario, puedes usar estas preguntas para iniciar el proceso:

1. Raguel, ¿cómo sabré que estás cerca?
2. ¿En qué ámbitos de mi vida no estoy permitiendo que fluya la abundancia?
3. ¿Por qué he tenido dificultades en el pasado con la ley de la abundancia y todas las bendiciones que puede traer a mi vida diaria?

4. ¿Cómo puedo ser más consciente de la abundancia que hay en mi vida?

5. ¿Cómo me ayudará hoy el hecho de sintonizar con la energía del 888?

Es posible que estas preguntas te lleven a fluir con la escritura y que antes de que te des cuenta las hayas dejado atrás. Sumérgete en el proceso, confía en que Raguel está guiando tu mano y no intentes encontrarle lógica a nada que surja inicialmente.

Cristal angélico: la cornalina

La cornalina se utiliza para motivar a la persona, estimular su creatividad y llevarla a tener una autoconfianza y una autoestima más profundas. Esto la convierte en una piedra fantástica con la que trabajar cuando necesitamos traer cosas que deseamos del mundo de la imaginación al mundo físico. Nos lleva a un estado de confianza, tolerancia y aceptación que es el componente de «permitir y recibir» en la ecuación del «pide y se te dará». Esto hace que la cornalina sea la piedra perfecta en la que codificar la energía del 888 y la del arcángel Raguel. Insuflarle la energía del 888 la convertirá en un poderoso cristal de manifestación.

Necesitarás estos elementos mágicos: una pieza de cornalina (puede ser apta para llevar en el bolsillo), un papel lo suficientemente grande como para poder envolver el cristal, un bolígrafo, un poco de tierra, un poco de sal y un trozo de cordel. Cuando hayas reunido todo esto, agarra el papel y escribe el número 888 tantas veces como puedas en él; llénalo tanto como sea posible. Una vez que el papel esté repleto de 888, espolvorea la tierra y la sal sobre él (una pizquita de ambas es lo que se necesita). Ahora, pon el cristal en medio del papel, envuélvelo y ata el paquetito con el cordel.

Agarra el cristal envuelto con la mano derecha y ponlo junto al corazón mientras colocas la mano izquierda sobre el chakra sacro. Haz una respiración lenta y profunda y permítete calmarte. Deja caer los hombros y que el cuello se afloje mientras haces otra respiración lenta y profunda. Siente que conectas con la energía del chakra sacro, la del chakra del corazón y la del cristal. Con cada inspiración, siente cómo la energía del cristal y la del 888 son atraídas hacia tu corazón. Mientras espiras, siente que la energía creativa se abre y se expande fuera del chakra sacro. Experimenta esta energía, a través del trabajo con la respiración, durante el mayor tiempo posible, mientras cada vez vas tomando más conciencia, poco a poco, de que el arcángel Raguel está contigo en la habitación. No dejes de respirar con intención. Sigue inspirando la energía del cristal y conectándola con los latidos de tu corazón. Permítete caer aún más profundamente en la energía de Raguel y espira la energía expansiva desde el segundo chakra. Cuando sientas que has terminado o que la corriente de energía ha dejado de fluir, pon fin al trabajo con la respiración y aparta las manos del corazón y el chakra sacro.

A continuación, puedes poner el cristal envuelto en tu altar dedicado al arcángel Raguel durante las próximas veinticuatro horas para que se cargue más de energía, o, si sientes que está lo suficientemente cargado, desenvuélvelo, vierte la sal y la tierra en el jardín, bajo un árbol, y arroja el papel y el cordel entre los desechos destinados a ser reciclados. Ahora puedes llevar la cornalina contigo, o ponerla junto al escritorio en el que trabajas. A mí me gusta tener mis cristales del ámbito de la manifestación junto a mi espacio de trabajo, ya que siento que mantienen el espacio cargado y abierto a la frecuencia creativa. Pero tú haz lo que te parezca.

Otros números asociados a la energía de Raguel

880 Pon tu fe en lo desconocido, ya que la frecuencia de la abundancia se basa en lo desconocido para crear milagros.

881 Ahora es el momento de que te aferres a tu visión, de que sigas caminando por tu sendero y de que no mires por encima del hombro. Los líderes avanzan tanto si hay personas que los siguen como si no.

882 El mundo interior crea el mundo exterior. Si deseas que la corriente divina esté más presente en tu mundo exterior, antes debes conectarte con la corriente divina que hay dentro de ti.

883 La abundancia es un deporte de equipo. No puedes estar en la corriente de esta frecuencia sin cocrear con otras personas. Hoy, tómate un momento para dar las gracias a todos quienes contribuyen a que tu vida sea abundante.

884 El mundo físico funciona mejor cuando se le permite fluir. Busca ámbitos de tu vida en los que puedas haberle impedido el paso y haz que la Divinidad llegue a cada rincón de tu experiencia.

885 Da gracias al arcángel Raguel por el cambio. Sin él, la vida nunca podría volverse más feliz, más saludable o más alegre y deliciosa.

886 La abundancia necesita que se la nutra, como ocurre con cualquier otra energía. La forma en que la alimentas, en que le hablas y en que te relacionas con ella determina cómo se muestra en tu mundo.

887 Saber de dónde viene y adónde va la abundancia en tu vida te mostrará cómo priorizar tu fluir. El conocimiento es poderoso; reclámalo.

889 La abundancia es un ciclo; fluye y refluye siguiendo las necesidades, los deseos y los anhelos de tu frecuencia vibratoria. Pides algo, se te envía, confías y sueltas; después lo recibes. Averigua en qué punto de este ciclo te encuentras hoy.

10

999 - ARCÁNGEL RAFAEL
La energía sanadora te rodea

*Ahora mismo vibras en la frecuencia de
la energía sanadora. Relájate, respira
y deja que la sanación te inunde.*

Significado profundo del 999

Llevo más de una década trabajando como sanadora energética y *coach*, y algo que siempre me sorprende es lo mal informadas que están muchas personas sobre lo que es la sanación. Sin duda, tenemos claro lo que es la curación física: superar una enfermedad o recuperarnos de una lesión. Sin embargo, el trabajo de sanación es mucho más complejo. Podemos sanar de un trauma, una adicción, la aflicción, el dolor, el abuso, la soledad, el abandono, la tristeza, la depresión y un largo etcétera. La lista de cosas de las que podríamos «sanar» es tan larga que nos llevaría días leerla. Por eso, cuando veas el número 999 no intentes averiguar de qué puede ser que te estés sanando, porque es más que probable que te equivoques. Muy rara vez tenemos una idea de qué tipo de trabajo de sanación necesitamos, ya que tendemos a enfocarnos en la zona en la que sentimos el dolor. Pero el dolor no es la causa, sino un síntoma. Sin embargo, el arcángel Rafael sabe dónde está el problema, y puede enviar la sanación directamente al lugar que más la necesita.

No tienes por qué saber qué parte de ti requiere sanación, preguntarlo ni descubrirlo; todo lo que tienes que hacer es permanecer abierto y receptivo a la energía sanadora. El número angélico 999 podría ofrecer sanación a una parte de tu vida hoy y trabajar en otro aspecto de ti mañana. En este sentido, el 999 y el arcángel Rafael nos recuerdan que no hay ni un momento en el que la energía sanadora no fluya hacia nosotros, a través de nosotros y a nuestro alrededor. A veces está trabajando en tu mente, otras veces en tus emociones y en otras ocasiones en tu cuerpo. Incluso podría estar trabajando en tu aura, tus chakras o cualquier parte de tu experiencia física. La sanación puede producirse en cualquier lugar y en cualquier momento. Por lo tanto, la próxima vez que veas el 999, limítate a decir: «Estoy abierto y listo para sintonizar con la frecuencia de la sanación» o «Rafael, estoy abierto y receptivo a tu energía sanadora; sáname como mejor te parezca». Ambas declaraciones te abren y hacen que depongas tu resistencia. El número angélico 999 dice: «Suelta tus resistencias y la sanación podrá empezar».

Permítete la libertad de no tener que averiguarlo todo y deja que el 999 y el arcángel Rafael te ayuden. Tiene un efecto muy liberador el hecho de soltar, deponer la necesidad de tener el control y confiar en un poder superior. El número angélico 999 te recuerda que no tienes que saberlo todo y que a veces es más prudente rendirse a una energía que sabe más que la mente egoica. El ego es el mayor obstáculo para la salud y el bienestar. Por lo tanto, practica el distanciamiento respecto de la influencia de tu ego y sitúate en la frecuencia del 999 y el arcángel Rafael. Así es como funciona la sanación en el cuerpo, la mente, el espíritu y la vibración.

El ángel Rafael

Rafael es otro de esos ángeles que no parecen estar claramente asociado a uno de los dos géneros; por eso tiendo a referirme a este arcángel como él/ella.* A veces aparece con aspecto masculino, a veces femenino, y a veces carente de género. Parece que encajar en una estructura humana estricta no es lo suyo.** En cualquier caso, si el arcángel Rafael se te aparece o presenta con un determinado

---

* N. del T.: En el original inglés, *they or them*, que hace referencia a *ellos o a ellas*. El uso del plural resuelve el tema del género en inglés, al no identificarlo, pero no en castellano. La sensación de extrañeza es menor con el uso del singular, pues no da lugar a desajustes de concordancia, por lo que ha sido la opción escogida en esta traducción.

** N. del T.: A continuación hay este texto en el original inglés; lo incluimos como nota por su relevancia nula en esta traducción: «Esta es otra razón por la que podrías encontrarte escribiendo su nombre de manera diferente. Cuando estaba escribiendo este libro fui alternando la ortografía [entre Raphael y Raphiel]. La ortografía por la que opté finalmente [Raphiel] es la que, para mí, corresponde a la versión no binaria de este arcángel».

género, trabaja con él/ella de todos modos, por favor. A Rafael le preocupa más difundir la sanación y la energía sanadora que cualquier otra cosa. La salud, el bienestar, la prosperidad y la felicidad son mucho más importantes para este arcángel que el género que elige para manifestarse.

El arcángel Rafael prefiere que te enfoques en los aspectos de ti mismo o de tu vida que precisen ser sanados y permitas que se desdibujen en un segundo plano para poder recibir toda la energía que necesitas. Esto es prestar un verdadero servicio, y creo que hay una lección para todos nosotros en la forma en que el arcángel Rafael elige priorizar el servicio sobre la forma de autoetiquetarse. Y es que el trabajo es más importante que la identidad. El *nosotros* es más esencial que el *yo*. El número angélico 999, junto con el arcángel Rafael, están aquí para ayudarte a mostrarte cómo estar al servicio con un enfoque espiritual. La lección es aprender a ver que la sanación está conectada con el todo y no con las partes que lo conforman, es decir, con el *nosotros*, no con el *yo*. Lo que debe ser identificado es solo una parte del todo; por eso es importante dejar que la energía sanadora fluya hacia donde tiene que ir y no dirigirla hacia donde el ego cree que debe ir.

Llama al arcángel Rafael para que te ayude en momentos de dificultad o cuando sientas un miedo, una ansiedad o un pánico intensos. Este tipo de emociones causan estragos en el sistema inmunitario y no favorecen la salud y el bienestar. Pídele al arcángel Rafael que sane tu mente, calme tus emociones y te lleve de regreso a un estado de paz y armonía. Deja que él/ella y el número 999 te vuelvan a situar en el vórtice de la sanación y te sintonicen con las frecuencias que tu cuerpo, tu mente, tu alma y tu vida necesitan justo ahora. La sanación cambia momento a momento, razón por la cual te conviene permanecer conectado al ahora, no al pasado ni al futuro. El arcángel Rafael no te sanará nunca desde un lugar del pasado, lo que significa que no puedes volver atrás y sanar lo que ya se ha hecho. Rafael tampoco proyectará nunca tu energía sanadora hacia el futuro. Con esto quiero decir que no te dirá qué estado de salud tendrás o no en el futuro, ya que toda sanación se efectuará aquí y ahora. Es en el momento presente cuando se sana el pasado y se establece la energía sanadora para el yo futuro. Esto significa que lo que sucede ahora fluye hacia el pasado como energía sanadora y hacia el futuro para dar lugar a la experiencia de que se ha obtenido la sanación. Por lo tanto, la próxima vez que veas el 999 solo debes saber que el arcángel Rafael está allí contigo y que te estás sanando de algo; también debes ser consciente de que esta sanación no solo te beneficiará a ti, sino que también será buena para todos los que están a tu alrededor.

Visualización/meditación de Rafael: recibe sanación de los ángeles

Con esta meditación guiada vas a conectarte con la energía sanadora del arcángel Rafael y la energía vibratoria del 999. Esta meditación está centrada en la autosanación y no hay una forma correcta o incorrecta de experimentarla. Mientras realizas la meditación, tal vez experimentarás sensaciones físicas u oleadas emocionales; también cabe la posibilidad de que no notes nada en absoluto. Solo debes saber que independientemente de lo que te suceda o no, Rafael estará ahí contigo y mantendrá un espacio sagrado para que lo explores.

Asegúrate de hacer esta meditación en un lugar tranquilo y en el que no te vayan a molestar. Si sientes el impulso de hacerlo, puedes encender una vela verde para que estimule la salud y la sanación, y dejarla encendida durante toda la meditación. Si no puedes encontrar una vela verde, una vela de té blanca también servirá; en cualquier caso, acuérdate de apagarla cuando hayas terminado. Puedes grabar este guion y escucharlo para poder cerrar los ojos, o puedes mantener los ojos abiertos y leerlo. Con cualquiera de estas dos opciones conectarás con la energía y será beneficiosa para ti. Por lo tanto, haz lo que te resulte más cómodo.

Antes de comenzar esta meditación, piensa en un área de tu vida a la que quieras mandar energía sanadora. Evoca esta área con claridad en tu mente. Tal vez se trate de tu salud, quizá de una relación, o acaso te preocupe tu trabajo o tu carrera. Incluso podrías pedir sanación en torno a cualquier resistencia que puedas experimentar al dar un próximo paso en tu vida o emprender un nuevo proyecto. No necesitas saber exactamente hacia dónde se dirigirá la sanación; basta con que tengas claro a qué área general de tu vida te gustaría que dirigiera la energía el arcángel Rafael. Los detalles déjaselos a él/ella.

Una vez que hayas identificado el área de tu vida a la que te gustaría enviar esta sanación, pídele al arcángel Rafael que entre en tu campo energético y en tu cuerpo áurico; basta con que le digas: «Arcángel Rafael, te pido que me ayudes a sanar y restablecer mi cuerpo vibratorio y a limpiar mi campo áurico». Una vez que hayas llamado a Rafael, ponte cómodo. Pon música si lo prefieres y haz una respiración larga, lenta y profunda. Enfócate en el trabajo con la respiración mientras alineas la mente con el cuerpo en el momento presente; inspira profundamente por la nariz y espira por la boca mientras te concentras en relajarte, calmarte y entrar en un estado de paz. Cuanto más relajado puedas estar, más energía sanadora podrá absorber tu cuerpo vibratorio. Mientras relajas los hombros, suelta la tensión acumulada en el cuello, siente que la presión del día se desprende de tu cuerpo y respira más profundamente. Confía en que Rafael está inyectando energía sanadora en el área de tu vida para la que has solicitado su ayuda. Tú solo debes relajarte y permitir que la energía fluya hacia donde tiene que ir, confiando en que esta sanación angélica se está produciendo, continuará aconteciendo y estará disponible para ti cuando la pidas, en cualquier momento. Si quieres (si no, no pasa nada) puedes ver la energía del arcángel Rafael como una luz con color que rodea el área de tu vida que has elegido y penetra en ella. Puedes permanecer en este estado y concentrarte en el trabajo con la respiración durante el tiempo que estimes necesario: un par de minutos, media hora... Confía en tu intuición. Cuando esta sesión con el arcángel Rafael haya finalizado, notarás un cambio en la energía que te rodea. Es posible que, de pronto, sientas una leve ráfaga de aire frío o caliente en la cara o el cuerpo. Tal vez notes un soplo de aire sobre la cara o incluso como si alguien jugara con tu cabello. Todo ello son señales de que la sesión ha terminado. Cuando experimentes alguna de estas sensaciones físicas, regresa a tu centro poco a poco, abre los ojos, pasea la mirada por la habitación, haz movimientos giratorios con el cuello y estira las manos, los dedos de las manos y los dedos de los pies. Haz respiraciones lentas y suaves mientras vuelves a situar la conciencia en la realidad física y en las tareas que tienes por delante. Cuando estés listo, puedes levantarte y seguir con el resto de tus actividades diarias.

Cómo preparar un altar para el 999 y el arcángel Rafael y cómo trabajar con él

Tu altar de sanación será diferente de tus otros altares. Este altar está estrictamente dedicado a tu salud y bienestar. Puedes mantenerlo todo el tiempo que quieras y no tienes que esperar a tener problemas de salud para utilizarlo. De hecho, te recomiendo sin lugar a dudas que lo instales cuando goces de la mejor salud posible. Si padeces una enfermedad crónica, configúralo cuando tu mente pueda enfocarse en la salud y el bienestar. Es posible que tu cuerpo no esté como quieras que esté, pero siempre puedes dirigir la mente hacia el bienestar. La razón por la cual debes preparar el altar cuando tu mente pueda concentrarse en la salud y el bienestar es que te conviene tener tantas vibraciones favorables al bienestar como sea posible alrededor de tu altar. Por lo tanto, prepáralo cuando te sientas lo mejor posible, ¡sea lo que sea lo que esto signifique para ti! Pon en él elementos que representen la forma en que te sientes cuando te está yendo bien. Puede tratarse de fotografías en las que se te ve caminando por la naturaleza, de acampada, navegando o en alguna otra circunstancia feliz y saludable. Otros elementos que necesitarás para tu altar destinado a atraer bendiciones son una imagen del arcángel Rafael (una posibilidad es que la imprimas con tu impresora, otra posibilidad es que se encuentre en una carta sacada de una baraja oracular, etc.), una vela de color verde, el 999 escrito en un papel verde, un poco de sal, una pizca de tierra, algunas plumas y cualquier otra cosa que quieras que esté presente en el altar.

Tal vez desees sentarte a redactar una oración o la declaración de una intención para Rafael y el 999. Podrías escribir, por ejemplo: «Rafael, estoy lista (o listo) para disfrutar de las vibraciones de mi salud divina. Estoy abierto a disfrutar de un estado de bienestar constante. Confío en ti para que me recuerdes que la salud y el bienestar están siempre a mi disposición y que nunca tienen que ser limitados o escasos».

Una vez que hayas elaborado el altar, límpialo visualizando cómo una luz blanca explota sobre él, como una bomba blanca que estallase y eliminase toda la energía no deseada. Esto hará que tu altar esté listo para tu trabajo con la oración. A continuación, respira hondo un par de veces, enciende la vela y formula la declaración de tu intención en voz alta, empezando con estas palabras: «Invoco al arcángel Rafael y el poder del 999 para que escuchen mi intención y me ayuden a hacerla realidad de la manera más sanadora posible. Que esta intención sea para mi mayor bien y para el bien de todos los que puedan tener que ver con que esta intención se materialice». Acto seguido, lee la declaración-oración que contiene tu intención: «Mi intención/oración cs...».

Para finalizar el ritual, puedes apagar la vela o dejarla encendida, si no hay peligro. Si eliges apagarla, di estas palabras antes: «Mientras apago esta vela, confío en que su humo lleve mi intención hasta el cielo para que el universo la manifieste. Estoy lista (o listo) para recibir lo que he pedido. Que así sea». A continuación, apaga la vela, soplando.

Actividad de escritura automática

Después de haber hecho tu trabajo de sanación, tal vez notarás que tu conexión con Rafael está más abierta de lo habitual y, posiblemente, que empiezan a llegar mensajes e información a tu mente consciente, que podrían acudir en forma de palabras sueltas, oraciones o incluso un conocimiento interior. Si te sientes motivado a hacerlo, saca tu cuaderno y aprovecha esta conexión. Pon este título en una página: «Charlas con Rafael y la energía vibratoria conocida como 999». Si estás familiarizado con la práctica de llevar un diario, empieza a escribir, ya que sabrás cómo recibir la información a medida que fluya desde el número 999 y el arcángel Rafael. Si nunca has llevado un diario, puedes usar estas preguntas para iniciar el proceso:

1. Rafael, ¿cómo sabré que estás cerca?
2. ¿En qué ámbitos de mi vida no estoy permitiendo la sanación y el bienestar?

3. ¿En qué ámbitos he tenido dificultades, en el pasado, para conectarme con tu energía sanadora en la vida diaria?

4. ¿Cómo puedo ser más consciente de tu energía sanadora en mi profesión?

5. ¿Cómo me ayudará hoy el hecho de sintonizar con la energía del 999?

Es posible que estas preguntas te lleven a fluir con la escritura y que antes de que te des cuenta las hayas dejado atrás. Sumérgete en el proceso, confía en que Rafael está guiando tu mano y no intentes encontrarle lógica a nada que surja inicialmente.

Cristal angélico: la prehnita

Este cristal se entrega a menudo a los sanadores, ya que se lo conoce como la piedra que «sana a los sanadores». Está asociado al chakra del corazón y actúa en el sentido de abrir el corazón y usarlo como una potente herramienta de sanación. Esto es lo que hace que sea la piedra perfecta en la que codificar e introducir las frecuencias del 999 y el arcángel Rafael. Las herramientas mágicas que necesitarás para este ejercicio son una prehnita que se pueda llevar en el bolsillo, un papel, un bolígrafo rojo, una vela verde para fomentar la energía sanadora, un trozo de cordel o de cinta adhesiva y una imagen de Rafael. La finalidad de este ejercicio es obtener un cristal que resuene con las frecuencias sanadoras del 999. Ahora bien, ten en cuenta que este cristal solo será un talismán, un objeto que pueda ayudarte a mantener la mente enfocada en toda la energía sanadora que llegue a tu vida. Esta piedra no te curará de ninguna enfermedad y no puede sustituir a un médico ni un tratamiento médico.

Una vez que hayas reunido tus herramientas mágicas, agarra el papel y el bolígrafo rojo y dibuja un corazón grande, que abarque tanta superficie del papel como sea posible. Alrededor del borde del corazón, escribe el número 999 tantas veces como sea necesario para recorrer todo el contorno. Pon la imagen del arcángel Rafael en medio de este corazón. A continuación, pon la prehnita encima de la imagen. Seguidamente, envuelve el cristal con el papel e impide que se abra poniendo un poco de cinta adhesiva o atando el paquetito con el trozo de cordel. Pon el cristal, así envuelto, en tu altar dedicado a Rafael. Tal vez desees incorporar otros elementos al altar en este momento. Si tienes un panel de inspiración dedicado a la salud y el bienestar, es posible que quieras ponerlo ahí también, pero no es necesario. Una vez que hayas preparado el altar, enciende la vela verde y di esta oración:

Arcángel Rafael, te invoco.
Insufla la energía sanadora de tu corazón en este cristal.
Llénalo con la frecuencia del 999 y recodifícalo para que me ayude con mis metas relativas a la salud y el bienestar.
Hecho está.

Ahora, deja el cristal envuelto en el altar hasta que la vela se consuma. Si no puedes dejar que la vela se agote y tienes que apagarla, deja el cristal en el altar y vuelve a recitar la oración en otro momento, hasta que la vela se haya consumido completamente. Cuando hayas terminado, desenvuelve el cristal y úsalo cuando sientas la necesidad de atraer al arcángel Rafael y la energía del 999. Puedes poner la imagen de Rafael y el papel que tiene el corazón dibujado en el altar para reutilizarlos; o puedes añadirlos a tu panel de inspiración dedicado a la salud y el bienestar. En caso contrario, busca una forma responsable de deshacerte de ellos.

Otros números asociados a la energía de Rafael

990 En este momento, la energía sanadora puede ser canalizada hasta tu vida de formas ilimitadas; por lo tanto, suelta las resistencias y deja que fluya.

991 Hay algo muy personal e interno que necesita ser sanado, y debes permitir que la energía sanadora fluya hacia ahí. No niegues esta necesidad; reconócela y permite que el arcángel Rafael traiga esta sanación a tu mundo interior.

992 La sanación está fluyendo hoy a través de las relaciones con las que sientes una conexión de corazón, así que abre este y deja que la energía sanadora fluya desde tu corazón hacia alguien a quien quieras.

993 Hay un espacio social que frecuentas que necesita que le envíes algo de energía sanadora. Hoy, pregúntales a las personas pertenecientes a este espacio cómo les va, y haz que sepan que te importan.

994 El miedo es solo otra oportunidad para sanar. Sea lo que sea que te esté suscitando miedo hoy, entrégale esta emoción al arcángel Rafael para que la sane.

995 Decir *cambio* es solo otra forma de decir *sanación*. Cuando sanamos el pasado, enviamos energía sanadora al futuro al mismo tiempo. Y hacemos todo esto efectuando cambios en el momento presente.

996 Es hora de que limpies tu hogar. Erradica toda la energía vieja e incorpora nuevas frecuencias sanadoras de amor, alegría y bienestar.

997 Hoy, tómate tiempo libre y descansa, ya que esta es una de las medidas más sanadoras que puedes adoptar para el cuerpo, la mente y el alma.

998 Todo lo que hay en tu mundo necesita sanación, no porque esté dañado, sino porque merece amor, compasión y reconocimiento.

11

1010 - ARCÁNGEL GABRIEL
Eres uno con todo

Aprende la ley de la totalidad y comprende
cuál es tu lugar en la matriz universal.

Significado profundo del 1010

Muchas personas, especialmente las que están recorriendo un camino de sanación, han sentido que no son suficiente, que les falta algo o que otros tienen algo que ellas mismas nunca podrán obtener. La comparación indica separación respecto de la energía de la Fuente. La carencia indica separación respecto del propio ser divino. Permitir que la mente cuestione el propio conocimiento interior hace que la persona desconecte de la energía de la Fuente y de la sensación de estar completa. El número angélico 1010 te recuerda que no estás separado. El arcángel Gabriel nos dice que pensemos que la conexión es como un viaje en tren. A veces hay asientos libres y podemos tener un viaje un poco más cómodo. Otras veces, debemos agarrarnos a una barra o a algún tipo de correa. Pero puede ser difícil agarrarse ahí; a menudo no podemos hacerlo bien, y en ocasiones soltamos el asidero totalmente. En ese momento, podemos sentir que no hay nada que nos sostenga y que estamos a merced del movimiento del convoy. Nuestro nivel de seguridad y estabilidad alcanza el grado de alerta máxima y nos sentimos solos mientras somos zarandeados por el balanceo y el empuje del tren al que llamamos vida. Sin embargo, el 1010 nos recuerda que siempre podemos volver a agarrarnos al asidero llamado Fuente. Podemos volver a conectarnos con la energía que nos creó y encontrar un asiento disponible.

A veces esta desconexión es temporal, y a veces parece que dura toda una vida. La verdad es que la barra y la correa a las que asirnos siempre están ahí. Solo tenemos que querer estirar la mano y agarrarnos. Los asientos también están siempre ahí. Las personas que consiguieron un asiento no tienen más suerte que tú; sencillamente, no ponen en duda su conexión. Creen que obtendrán apoyo y, por lo tanto, lo obtienen. Están sintonizadas con la frecuencia del 1010 y confían en que el arcángel Gabriel estará ahí para proveerlas. La diferencia está en la creencia. El número angélico 1010 quiere que levantes la mano, que creas en el lugar que ocupas en la matriz universal, que te veas completo y apoyado, y que sepas que estás compartiendo el viaje con todos los demás pasajeros del tren. El número angélico 1010 quiere que tengas esta actitud a la vez que eres consciente de que todos deseáis lo mismo, que es llegar a vuestro destino felices e ilesos. En cuanto a lo de llegar a tu destino de una pieza, es algo de lo que no cabe dudar, porque será así. Cuando veas el número 1010, tómate un momento para alargar el brazo y agarrarte al asidero. Siente cómo la energía del arcángel Gabriel fluye a través de ti mientras doblas los dedos juntos y formas un puño alrededor de la mano de la Divinidad. Haz una respiración larga, lenta y profunda y permítete sentirte pleno, completo y en armonía con la energía que te creó. Cuando te sientas estable y seguro, suéltate y baja el brazo, confiando en que una vez que has establecido la conexión no es necesario que vuelvas a hacerlo, a menos que realmente te sientas perdido, solo y a merced del viaje que llamamos vida.

El ángel Gabriel

El arcángel Gabriel siempre viene a mí en su forma femenina, pero puede ser que a ti no se te aparezca así. Gabriel —o Gabbie, como la llamo a menudo— tiende a mostrarse cuando está apegada a uno de mis clientes. En general, es un ángel sanador y viene a apoyar o supervisar una sanación que esté teniendo lugar en el cliente. El ámbito de la sanación puede ser cualquiera: el cuerpo físico, la soledad, la depresión, heridas provocadas por cuestiones de dinero, el amor…, lo que sea. Gabbie contribuye al proceso de sanación mediante la reconexión o reintegración. Explica de esta manera la necesidad que tenemos de obtener sanación: «Cuando uno se siente separado, desconectado o solo, se produce una herida en su cuerpo vibratorio, de la que pueden derivar daños para el aura y los chakras. Entonces, la mente y el cuerpo también se ven afectados. Cuando alguien acude a que lo sanen, todo lo que hacemos es recordarle que no está separado y que no existe tal cosa como tú y ellos, o tú y yo. Solo estamos nosotros. Todo es uno. Todo viene de la misma energía y volverá a la misma energía». (Estas palabras fueron canalizadas procedentes del arcángel Gabriel).

Es por eso por lo que el 1010 acompaña tan bien a la energía sanadora de Gabbie. El número 1 es lo que viene de la nada; más concretamente, es el ego, el «yo»,[*] que nace del potencial ilimitado de todo. Sin el 0 no puede haber el 1, y el 1 no puede existir si no ha surgido de la nada. Esto significa que todo lo que está fuera de ti vino de ti, incluidos tu cuerpo y tu mente. Eres tanto el 0 como el 1. ¿Estás confundido? No te preocupes; no eres el único. Aunque sé esto, a veces aún me desconcierta, pero esto solo se debe a que al ego (al yo) le gusta verse como existente por sí mismo y separado del resto de la creación. Sin embargo, esto no es cierto, ya que nunca estamos solos o separados. Pero a la mente le encanta escuchar al ego. Le encanta creer que tiene un significado y un propósito que están separados de todo el mundo. El resultado de esta forma de pensar ha llegado repetidamente a la camilla en la que imparto sanación durante la última década. La tristeza, la confusión, la frustración, la ira y las enfermedades que son consecuencia de esta forma de pensar y de vivir pueden ser devastadoras.

---

[*] N. del T.: En inglés, yo es I (una i mayúscula); adviértase la semejanza existente entre I ('yo') y el número 1.

La buena noticia es que las cosas no tienen por qué ser así, porque de hecho no son así, y el arcángel Gabriel y el 1010 están aquí para recordarte que no estás solo. No estás separado. Tú y todo lo que te rodea sois uno; compartís el mismo corazón, el mismo sueño y la misma visión de la creación. Que el aspecto externo pueda ser diferente no significa que la vibración sea distinta. El contraste visual no es lo mismo que el contraste vibratorio. No hay dos personas que tengan las mismas ideas sobre el amor, pero eso no significa que no anhelen la misma frecuencia que llamamos amor y que no aspiren a ella. No hay dos personas que tengan la misma idea de lo que es la alegría, pero eso no significa que no vibren con la misma frecuencia de alegría. ¿Ves adónde nos llevan estas consideraciones? Por supuesto que sí. El arcángel Gabriel está aquí para recordarte que la forma en que te sientes, lo que sueñas y lo que anhelas está en el corazón de todos los seres sintientes. Puede parecer diferente externamente, pero todo vibra a la misma frecuencia. Todos somos uno; diferentes, pero uno. Todos venimos del cero, y al cero volveremos. Todos llegamos a la forma física para vivir a través de la energía del uno, y todos abandonaremos el uno y lo físico y regresaremos al cero. Todos estamos haciendo el mismo viaje y recorriendo el mismo camino, si bien elegimos caminar a nuestro ritmo, que es único. Cuando realmente podamos entender esto, sanaremos la herida de la separación y nos regocijaremos por el lugar que ocupamos en la matriz universal.

Visualización/meditación de Gabriel: conecta con tu vida

Asegúrate de hacer esta meditación en un lugar tranquilo en el que no te vayan a molestar. Si sientes el impulso de hacerlo, puedes encender una vela de color verde manzana para favorecer la sanación del corazón y dejarla encendida durante toda la meditación; acuérdate de apagarla cuando hayas terminado. Puedes grabar este guion y escucharlo para poder cerrar los ojos, o puedes mantener los ojos abiertos y leerlo. En cualquiera de los casos, conectarás con la energía y será beneficiosa para ti. Por lo tanto, haz lo que te resulte más cómodo.

Empecemos.

Si has decidido encender una vela, hazlo ahora. A continuación, ponte cómodo: siéntate en una silla confortable o adopta una postura de yoga; también puedes tumbarte. Dirige la mente para que esté atenta al guion y estate alerta a todas y cada una de las visiones que puedas experimentar durante esta meditación. Haz una inspiración lenta y profunda por la nariz y exhala el aire por la boca. De nuevo, inspira lenta y profundamente por la nariz, sintiendo cómo el aire toca la parte posterior de la garganta y llega a los pulmones. Espira con la boca abierta y siente el aire mientras lo empujas fuera del cuerpo. Concéntrate en este trabajo con la respiración, haciendo que sea lo más rítmico posible; procura que las inspiraciones y las espiraciones sean igual de largas, dejando que el cuerpo y la respiración encuentren su propio ritmo natural. Mientras tanto, llama al arcángel Gabriel. Pídele que entre en tu energía y en tu visión interior y que esté en la habitación contigo.

Puedes percibir a Gabriel como hombre, como mujer, como ambos o incluso sin género. Permite que se presente de la forma que crea que es mejor para ti, para tu sanación y para esta meditación. Si no percibes ninguna figura ni sientes que haya una presencia contigo en la habitación, no te preocupes. Gabriel está aquí apoyándote, atendiéndote y presenciando tu solicitud. Relájate y profundiza en el trabajo con la respiración mientras dejas que la energía de Gabriel te proteja y te sostenga. Mientras te abres a recibir la energía del arcángel, permítete sumergirte más profundamente en el momento y abrirte un poco más, manteniendo la respiración lenta, profunda y rítmica. Ahora, evoca el área de tu vida con la que tienes dificultades para sentirte conectado; en esta área, te sientes solo y separado. Haz todo lo que puedas para no emitir juicios mientras te enfocas en esta parcela de tu vida. Deja que aparezca en tu mente y mantén la visión de esta parcela o la «sensación» que te produce lo mejor que puedas. Entonces, permite que Gabriel te muestre dónde están los hilos de conexión.

Observa cómo el arcángel ilumina todos los hilos que conectan esta área de tu vida con otras personas, lugares o cosas. Limítate a observar; no intentes dirigir la visión, la imagen o el sentimiento. En lugar de ello, concéntrate en tu trabajo con la respiración; sigue inspirando por la nariz y espirando por la boca. Contempla la escena hasta que todos los hilos se hayan iluminado. Visualiza cómo esta red te conecta con el mundo que te rodea. Concéntrate muy intencionadamente en las personas y los lugares a los que se conectan estos hilos, ya que estas personas son las que sostienen el espacio que debe permitirte sentirte completo y parte de algo más grande. Sumérgete en la sensación que experimentas al ver lo conectado y alineado que estás. Observa esta sensación mientras se desplaza por tu cuerpo. Te das cuenta de que estás con muchos individuos aquí, ahora mismo, en este momento, todos unidos como uno. Mantén esta visión durante el rato que sientas que debes sostenerla. Deja que su energía te envuelva.

Cuando sientas que esta conexión se desvanece y que esa parte de tu vida vuelve a estar integrada en ti, toma aire y, mientras lo expeles, apaga todos los hilos, que dejan de brillar. Observa que ya no te sientes solo, separado o desconectado, porque aunque los hilos ya no estén iluminados, sabes que están ahí. Sabes que eres parte de algo más grande que tú. Sabes que estás completo, alineado y desempeñando tu papel en el gran orden universal. Toma aire y suelta cualquier duda que pueda quedarte sobre esta área de tu vida. Haz otra respiración y observa que Gabriel comienza a irse. Dale las gracias mientras se desvanece, consciente de que, como ocurre con los hilos, los ángeles están ahí tanto si puedes verlos como si no. Concéntrate de nuevo en tu trabajo con la respiración mientras vuelves a enfocarte, poco a poco, en tu cuerpo y en la habitación en la que estás sentado. Cuando te sientas alerta y listo, abre los ojos. Si puedes, mantén encendida la vela; si no es así, apágala soplando y sigue con tus actividades diarias.

Cómo preparar un altar para el 1010 y el arcángel Gabriel y cómo trabajar con él

Una de las cosas que nos cuesta más recordar a la mayoría de nosotros es que estamos íntegros y completos, que no necesitamos ser «arreglados» y que somos perfectos tal como somos. Por eso, para este altar, te escribirás una carta en la que te recuerdes justamente esto. Puedes empezarla escribiendo tu nombre en la parte superior, y si crees que no eres demasiado imaginativo al escribir, puedes añadir estas palabras: «Esta es una lista de cosas para recordarme a mí mismo que estoy íntegro y completo, y que soy uno a ojos de [la Divinidad/el universo/Dios/la Diosa]». Puedes poner tantos elementos como quieras en la lista, o escribir solo tres. La cantidad de elementos no es tan importante como la carta completa que después pondrás en el altar. Otras cosas que necesitarás para este altar son una imagen de Gabriel (puede ser la que haya en una carta sacada de una baraja oracular), una vela blanca para representar que todos nos volvemos uno, el 1010 escrito en un papel blanco, un poco de sal, una pizca de tierra, algunas plumas y cualquier otro elemento que sientas que debe estar en el altar.

También puede ser que quieras sentarte a escribir una oración o la declaración de una intención para Gabriel y el 1010. Aquí tienes un ejemplo: «Gabriel, cuando titubee, recuérdame quién soy. Susurra en mi oído todas las formas en que estoy completo e íntegro. Recuérdame que no contengo desperfectos y que no necesito que me arreglen. Entiendo que soy una obra gloriosa en proceso de construcción, como lo es el universo, ya que estoy hecho de polvo de estrellas, lo que hace que el universo y yo seamos uno y que estemos íntegros y completos».

Una vez que hayas preparado el altar, te recomiendo que lo rocíes con un aerosol de salvia o que le pases por encima, una vez, el humo de un atado de hierbas, con el fin de despejar mental y energéticamente el espacio y acabar de configurarlo para tu trabajo con la oración. Una vez que hayas reunido tus herramientas mágicas y limpiado el altar, y lo tengas todo a punto, haz un par de respiraciones especialmente profundas, enciende la vela y formula la declaración de tu intención en voz alta, comenzando con estas palabras: «Invoco al arcángel Gabriel y el poder del 1010 para que escuchen mi intención y me ayuden a hacerla realidad de la manera más holística. Que esta intención sea para mi mayor bien y para el bien de todos los que puedan estar implicados en que se haga realidad». Acto seguido, lee la declaración-oración que contiene tu intención: «Mi intención/oración es...».

Para finalizar el ritual, puedes apagar la vela o dejarla encendida, si no hay peligro. Si eliges apagarla, di estas palabras antes: «Mientras apago esta vela, confío en que su humo lleve mi intención hasta el cielo para que el universo la manifieste. Estoy lista (o listo) para recibir lo que he pedido. Que así sea». A continuación, apaga la vela, soplando.

Actividad de escritura automática

Después de haber hecho tu trabajo con la meditación y la oración, tal vez notarás que tu conexión con el arcángel Gabriel (en sus muchas formas) está más abierta y, posiblemente, que tu mente consciente empieza a recibir mensajes e información, que pueden llegar en forma de palabras sueltas, oraciones o incluso un conocimiento interior. Si sientes que quieres aprovechar esta conexión, puedes agarrar tu cuaderno y poner este título en una página: «Charlas con Gabriel y la energía vibratoria conocida como 1010». Si estás acostumbrado a llevar un diario, empieza a escribir, ya que sabrás cómo recibir la información a medida que fluya desde el número 1010 y el arcángel Gabriel. Si nunca has llevado un diario, puedes usar estas preguntas para iniciar el proceso:

1. Gabriel, ¿cómo sabré que estás cerca?
2. ¿En qué ámbitos de la vida diaria no me estoy permitiendo sentirme más conectado?
3. ¿Por qué me es más fácil conectar con algunas personas presentes en mi vida que con otras?
4. ¿Cómo puedo ser más consciente del lugar que ocupo en mi familia, mi comunidad o mi lugar de trabajo?
5. ¿Cómo me ayudará hoy el hecho de sintonizar con la energía del 1010?

Es posible que estas preguntas te lleven a fluir con la escritura y que antes de que te des cuenta las hayas dejado atrás. Sumérgete en el proceso, confía en que Gabriel está guiando tu mano y no intentes encontrarle lógica a nada que surja inicialmente.

Cristal angélico: la cianita

La cianita es el cristal de referencia para el equilibrio y la alineación de los cuerpos mental y espiritual, lo que hace que sea la piedra perfecta para codificar y anclar la energía del 1010. El número angélico 1010 está asociado con el equilibrio y la búsqueda de la armonía y la plenitud en todos y cada uno de los momentos, al unir las energías yin y yang. Lo mejor es incorporar la energía de este número a un colgante de cianita, pero también la puedes incorporar a una piedra de bolsillo si no quieres llevar la cianita como colgante. Las herramientas mágicas que necesitarás para este ejercicio son una cianita (en una de las dos formas expresadas), un bolígrafo y un trozo de papel.

Escribe el número 1010 en el papel, tan grande como puedas. Pon la cianita encima y coloca ambas manos justo sobre ella. Tus manos no deben tocar la piedra, pero puedes sentir algo de calor o algún otro tipo de sensación física mientras codificas la energía en ella. Haz un par de respiraciones lentas y profundas y cierra los ojos si quieres. Imagina cómo la energía de Gabriel fluye de tus manos hacia la piedra. Visualiza cómo esta energía se mezcla con el número 1010 y va entrando en la cianita. Sigue respirando y manteniendo las manos por encima, hasta que sientas que el proceso ha concluido. Sensaciones indicativas de este hecho pueden ser que la energía deja de fluir por tus manos o que estas se enfrían; o puedes sentir que una ligera brisa sopla sobre ellas. De cualquier modo, sabrás cuándo es el momento de detenerte. Confía en tu instinto.

Cuando hayas terminado, puedes doblar el papel y ponerlo en tu altar dedicado a Gabriel, o bien tirarlo. Tu colgante o tu piedra de bolsillo están listos para que los lleves contigo. Tal vez te des cuenta de que no necesitas llevar puesta la cianita todo el tiempo; solo los días en que sientas la necesidad de volver a conectarte o equilibrarte, o cuando te sientas desarmonizado. Tu colgante o tu piedra de bolsillo harán que regreses al centro y que te vuelvas a sentir completo.

Otros números asociados a la energía de Gabriel

1011 Un buen líder sabe que cuando todos los miembros del equipo se sienten valorados e integrados, todo el equipo ve el éxito como un logro personal.

1012 No es que acudas a los demás para sentirte completo; es que cuando ya estás en la frecuencia de la totalidad, estás abierto a ser verdaderamente uno con los demás.

1013 Ahora es el momento de que te veas como *nosotros*, no como *yo*, porque cuando nos vemos como todos, nos involucramos en el mundo con compasión y bondad.

1014 La estructura, la rutina y los hábitos diarios te harán sentir equilibrado, arraigado y conectado. Se obrará esta magia gracias a la naturaleza mundana de la repetición.

1015 Cuando sabes quién eres, el cambio es algo que celebras, ya que entiendes que lo que sea que se te presente puedes manejarlo.

1016 La comunidad es una extensión del yo. Cuando sientas que eres uno con lo que eres, podrás ayudar a tu comunidad a sentirse feliz, saludable y completa.

1017 La alineación es un trabajo interior, por lo que cuando te sientas desequilibrado, tómate un momento para detenerte, mirar a tu alrededor y contar siete cosas que puedas ver en ese mismo instante delante de ti. Esto te mantendrá equilibrado y en el momento.

1018 Al dinero le gusta fluir y mantenerse en equilibrio, lo que significa que si quieres sentirte conectado a la frecuencia de la abundancia, no debes aferrarte a las cosas materiales, sino ver tu mundo material como íntegro y completo.

1019 Cuando termina un ciclo, significa que hemos completado un círculo. Un círculo completo es algo acabado. En este momento algo ha llegado a su fin y un ciclo ha sido completado. Se acabó; es hora de seguir adelante.

12

1111 - ARCÁNGEL SANDALFÓN
Pide un deseo; el universo está escuchando

*Vives en un universo amigable que quiere
hacer realidad todos tus deseos. Así que pide
un deseo, confía en que ha sido escuchado
y ten la certeza de que está regresando a
ti de la manera más perfecta y divina.*

Significado profundo del 1111

El arcángel Sandalfón quiere que comprendas que el universo está realmente conspirando para tu mayor y mejor bien siempre, sin hacer excepciones. Independientemente de lo que esté sucediendo en tu vida en ese momento, cuando veas el 1111 detente, despeja la mente y pide el deseo que alberga tu corazón. Tu corazón es la clave de tus deseos, no tu cabeza, así que no pienses; siente. Haz una respiración, conéctate y formula el deseo.

El arcángel Sandalfón quiere que sepas que lo que late en tu corazón late en el universo. Tu corazón es la parte de lo que eres que suena más fuerte, desde el punto de vista vibratorio, y es la parte de ti con la que el amigable universo está tratando de armonizarte en todo momento. El número angélico 1111 te dice: «Sé valiente, confía y lanza ese deseo. Ríndelo a los ángeles y deja que te bendigan. Deja que la energía del 1111 te traiga lo que hay en tu corazón y permítete recibirlo». Sandalfón sabe que esto puede parecerles más fácil decirlo que hacerlo a algunas personas, especialmente si su mente les está diciendo algo muy diferente. Es posible que tu mente te permita lanzar un deseo y que, a la vez, haga todo lo posible para impedir que recibas lo que has pedido. Puede intentar convencerte de que lo que tu corazón quiere es imposible o de que no eres digno de tu deseo, o incluso puede intentar convencerte de que tienes que pagar de alguna manera por ver tu deseo cumplido. Pero nada de esto es cierto.

Pides y recibes. Eso es todo. Es un proceso simple que consiste en dos pasos, nada más y nada menos. Cuando veas el 1111, pon la mano sobre tu corazón y pide un deseo. Inspira la energía del 1111 y espira tu deseo, enviándolo directamente a las manos abiertas del arcángel Sandalfón. Deja que tome tu deseo y lo ponga en manos de aquellos que están listos para crearlo para ti; de hecho, estaban esperando que lo formularas. Apuesto a que ni siquiera sabías que hay un equipo de seres vibratorios que están a la espera de concederte tus deseos, pero existe, y su trabajo es hacer realidad tus deseos, incluidos los sueños y las esperanzas que guardas en tu corazón, los anhelos que laten dentro de ti y aquellos que solo los ángeles pueden oír y tú puedes sentir.

Entonces, ¿qué hay en tu corazón?

¿Qué es lo que desea?

Dale voz y deja que lata tan fuerte como necesite la próxima vez que veas el 1111. Déjale que palpite, que pida, que suelte y que dé vida a tus deseos. Estos son simples, puros y divinos. Sandalfón dice que ningún deseo es demasiado grande o demasiado pequeño. Si está en tu corazón, es perfecto en todos los sentidos, y él está listo para escuchar el deseo que late en lo profundo de tu corazón. Está esperando oírlo.

El ángel Sandalfón

La historia del origen del arcángel Sandalfón tiene similitudes con la de Metatrón, ya que él también caminó por la Tierra como humano y, dadas sus buenas obras terrenales, se le concedió un papel divino como cartero celestial. A este respecto, se dice que entrega oraciones y deseos procedentes del cielo y los coloca en la bandeja de entrada de Dios. Incluso hay historias que afirman que Sandalfón era tan grande que sus pies estaban en la tierra y su cabeza en el cielo. Mis experiencias personales con este ángel no coinciden con esta imagen de un gigante celestial, pero admito que es un trabajador postal fantástico. Sandalfón siempre está listo para llevar lo que pedimos a los reinos superiores y ser el puente de comunicación entre la Tierra y lo que muchos llaman cielo. En este sentido, tiene un «empleo» celestial muy específico y se le puede relacionar con otras deidades del ámbito de la comunicación como

Mercurio o Hermes, que, curiosamente, tenían alas en los zapatos. La idea de un servicio postal celestial es genial y nos permite adentrarnos en la energía vibratoria de ver que nuestros mensajes son recogidos y entregados con amor a quien esté a cargo de ayudarnos.

En muchos aspectos, el número angélico 1111 te recuerda que la «oficina postal» está abierta y que ahora sería el momento ideal para que dejases caer tu petición en el vórtice. Todos necesitamos que se nos recuerde que podemos pedir ayuda. ¿Con qué frecuencia te olvidas de pedir o de abrir la boca y realmente decir lo que quieres? El arcángel Sandalfón sabe que para muchos humanos esto no es algo natural o fácil. Sin embargo, nos recuerda que se espera que hagamos esto y que hay todo un equipo de seres celestiales esperando a atender nuestras solicitudes. Cuanto más llames a Sandalfón y trabajes con el 1111, más fácil te resultará pedir, soltar, confiar y recibir, porque, a fin de cuentas, este es el orden en el que se manifiestan los deseos. Cuando veas el 1111, manda tu deseo; envíalo amorosamente a las manos del arcángel Sandalfón, y luego confía en que lo ha entregado al departamento celestial apropiado. Después, siéntate y espera a recibir lo que has deseado. ¿Qué deseos le quieres dar a Sandalfón?

Visualización/meditación del arcángel Sandalfón: ¡pide un deseo!

Los deseos pueden hacer que nos contraigamos. Esta puede parecer una afirmación extraña; sin embargo, a menudo nos resistimos tanto a lo que queremos que incluso el hecho de pensar en pedir un deseo puede contraer nuestra energía. Durante esta meditación, llamarás al arcángel Sandalfón para que te ayude a mantenerte abierto cuando lo desees, y al mismo tiempo permitirás que la energía del 1111 alivie y libere cualquier resistencia que albergues en tu campo energético, en la mente o en el cuerpo.

No existe una forma correcta o incorrecta de experimentar la energía de los ángeles. Mientras realizas la meditación, tal vez notarás sensaciones en el cuerpo, calor, frío o incluso como si algo o alguien te estuviera tocando la cara y la cabeza. O acaso verás colores, o tus sentidos se agudizarán. También cabe la posibilidad de que no sientas nada la primera vez que hagas la meditación, o incluso la segunda o tercera vez. Solo debes saber que independientemente de lo que te suceda o no, Sandalfón estará ahí contigo y mantendrá un espacio sagrado para que explores todo lo que surja mientras estáis juntos. Asegúrate de hacer esta meditación en un lugar tranquilo y en el que no te vayan a molestar. Si sientes el impulso de hacerlo, puedes encender una vela de cumpleaños y dejarla encendida durante toda la meditación. Deberás acordarte de apagarla cuando hayas terminado, soplando, como haces cuando lanzas un deseo frente a tu pastel de cumpleaños. De hecho, si deseas incorporar un componente lúdico, pon la vela en un pastelito y aporta así las vibraciones del cumpleaños. Cuanta más diversión puedas aportar, más fácil te resultará mantenerte abierto y soltar tus resistencias. Puedes grabar este guion y escucharlo para poder cerrar los ojos, o puedes mantener los ojos abiertos y leerlo. En cualquiera de los casos, conectarás con la energía y será beneficiosa para ti. Por lo tanto, haz lo que te resulte más cómodo.

Empecemos.

Ponte cómodo en una silla, en el suelo o en tu cama. No importa dónde hagas esta visualización, ya que tu mente estará alerta, enfocada y completamente implicada en esta práctica de meditación guiada. Concéntrate en la respiración mientras haces inspiraciones lentas y profundas por la nariz y espiraciones largas y expresivas por la boca, asegurándote de que las respiraciones sean especialmente profundas y largas. Siente el aire a medida que entra por la nariz y baja por la garganta, y siéntelo a medida que sale por la boca. Con cada respiración te calmas y relajas más. Mientras profundizas en el trabajo con la respiración, percibe cómo la tensión va abandonando poco a poco los hombros y el cuello. Siente cómo se afloja la zona lumbar; siente incluso cómo se relajan y suavizan los arcos de los pies. Mientras continúas respirando de forma lenta y profunda, observa cómo tu cuerpo entra en un hermoso estado de relajación y receptividad. Mientras vas más adentro y te relajas aún más, llama al arcángel Sandalfón y pídele que venga y esté contigo en este espacio, aquí mismo, ahora mismo. Tal vez sabrás al instante cuándo ha entrado en tu energía Sandalfón o tal vez sabrás, sin más, que está ahí, listo para ayudarte. En cualquiera de los casos, confía en que el arcángel Sandalfón está aquí para apoyarte en este proceso.

Haz otra respiración lenta y profunda y relájate aún más. Mientras prosigues con el trabajo con la respiración y permaneces en esta energía receptiva y relajada, recuerda algo que lleves mucho tiempo deseando y algo que hayas intentado lograr más de una vez pero que aún no hayas conseguido. Al traer este deseo al primer plano de tu mente permítete sentir todas las emociones que lo acompañan, como pueden ser excitación por el deseo en sí, tristeza o dolor porque aún no se ha manifestado o sentimientos de derrota o incluso de fracaso porque el deseo aún no se ha cumplido, por más veces que hayas intentado hacerlo realidad. Deja que todo esto vaya saliendo a la superficie. A medida que van apareciendo estas emociones, observa cómo cada una conforma una pequeña bola de cristal. Cuando las bolas estén completamente formadas, ponlas en tus manos y dáselas al arcángel Sandalfón. Haz todo lo que puedas para no juzgar estas emociones como buenas o malas; limítate a visualizar cómo se constituyen en estas hermosas bolas de cristal y cómo tú mismo las entregas al ángel, sabiendo que Sandalfón se encargará de todas ellas.

Deja que las bolas de cristal se sigan formando, hasta que no queden sentimientos cargados de emoción en torno a tu deseo. Deberías poder pensar en tu deseo sin sentirte enganchado, cargado o alterado de ninguna manera. Cuando esto sea así, dale las gracias al arcángel Sandalfón por venir y ayudarte a lo largo de este proceso. Una vez que el arcángel Sandalfón haya salido de tu campo energético, pon los dedos sobre el tercer ojo y di: «Imprimo e instruyo este deseo en mi mente con el poder del 1111».

Presiona suavemente el tercer ojo con las yemas de los dedos y di: «Instruyo e imprimo este deseo en mi mente con el poder del 1111». Haz una inspiración especialmente profunda por la nariz y exhala el aire por la boca, permitiendo que el cuerpo se balancee con suavidad. Haz pequeños movimientos oscilantes de un lado a otro mientras depones lo que quede de tu resistencia; los últimos residuos emocionales son expulsados de tus hombros y de tu cuerpo. Cuando sientas que has acabado y confíes en que tu deseo está listo para verse finalmente cumplido, haz otra respiración larga y profunda. Vuelve a poner la atención en el cuerpo y en la habitación. Haz otra respiración profunda mientras arraigas tu energía a tu cuerpo. Respira hondo por última vez, abre los ojos y apaga la vela, soplando.

Cómo preparar un altar para el 1111 y el arcángel Sandalfón y cómo trabajar con él

Si no tienes un frasco de los deseos, ahora es el momento de conseguir uno, ya que será lo mejor que puedas poner en tu altar dedicado a los deseos. Tu frasco de los deseos puede tener el aspecto que quieras: una lámpara de Aladino, un cáliz, una caja de hechizos, una taza o incluso una pequeña alcancía. El único requisito es que puedas alimentarlo con tus deseos, que pueden estar escritos en pequeños trozos de papel o pósits. Otras cosas que necesitarás para este altar son una imagen de Sandalfón (puede ser la que haya en una carta sacada de una baraja oracular), una vela dorada o amarilla para representar la abundancia divina, el 1111 escrito en un papel amarillo, un poco de sal, una pizca de tierra, algunas plumas y cualquier otro elemento que sientas que debería estar en el altar.

También será conveniente que escribas una oración o la declaración de una intención para Sandalfón y el 1111. Aquí tienes un ejemplo: «Sandalfón, te pido que bendigas mi deseo, lo lleves a la Divinidad y se lo entregues a la persona responsable de hacerlo realidad».

Una vez que hayas preparado el altar, te recomiendo que lo rocíes con un aerosol de salvia o que le pases por encima, una vez, el humo de un atado de hierbas pensado para atraer la abundancia. Estos atados suelen contener romero, enebro y cáscara de naranja. Este humo no solo limpiará el altar, sino que también establecerá la tónica de la energía de la abundancia para tu deseo. Una vez que tu altar esté limpio, preparado y listo para trabajar con la oración, haz un par de respiraciones especialmente profundas, enciende la vela y formula la declaración de tu intención en voz alta, comenzando con estas palabras: «Invoco al arcángel Sandalfón y el poder del 1111 para que escuchen mi intención y me ayuden a hacerla realidad de la manera más mágica. Que esta intención sea para mi mayor bien y para el bien de todos los que puedan estar implicados en que se haga realidad». Acto seguido, lee la declaración-oración que contiene tu intención: «Mi intención/oración es...».

Para finalizar el ritual, puedes apagar la vela o dejarla encendida, si no hay peligro. Si eliges apagar la vela, di estas palabras antes: «Mientras apago esta vela, confío en que su humo lleve mi intención hasta el cielo para que el universo la manifieste. Estoy lista (o listo) para recibir lo que he pedido. Que así sea». A continuación, apaga la vela, soplando.

Una vez que hayas realizado este ritual para los deseos en tu altar, visualiza que recibes lo que has pedido. Te lo trae Sandalfón, plenamente manifiesto. Visualízate abierto y receptivo; tienes una sonrisa en la cara y olas de gratitud recorren tu corazón.

Actividad de escritura automática

Después de haber hecho tu trabajo con la oración, o incluso después de haber realizado la visualización, tal vez percibirás que Sandalfón está lanzando todo tipo de pistas, claves y mensajes en torno a tu deseo, que pueden llegarte en forma de palabras sueltas, oraciones o incluso un conocimiento interior. Si te sientes motivado, saca tu cuaderno y aprovecha esta conexión. Pon este título en una página: «Charlas con Sandalfón y la energía vibratoria conocida como 1111». Si estás acostumbrado a llevar un diario, empieza a escribir, ya que sabrás cómo recibir la información a medida que fluya desde el número 1111 y el arcángel Sandalfón. Si nunca has llevado un diario, puedes usar estas preguntas para iniciar el proceso:

1. Sandalfón, ¿cómo sabré que estás cerca y qué señales vas a mandarme?
2. ¿En qué áreas de mi vida están ocurriendo milagros que quizá no esté advirtiendo?
3. ¿Por qué me ha costado, en el pasado, conectar con los milagros en la vida diaria?

4. ¿Cómo puedo ser más consciente de la forma en que creo milagros con mi familia, mis compañeros de trabajo o mi pareja?
5. ¿Cómo me ayudará hoy el hecho de sintonizar con la energía del 1111?

Usa tu cuaderno para mantener un registro de trabajo de todas las pistas, avisos y «migas de pan» que te deja Sandalfón. ¡Nunca se sabe cuándo algo de eso podría ser la clave para otro deseo! Cuanto más trabajo con Sandalfón y cuanto más suelto, más le gusta insinuar qué otras cosas están disponibles si soy lo suficientemente valiente como para expresar que las deseo. Por lo tanto, empieza a abrirte, no abandones la escritura automática y deja que los deseos lleguen.

Cristal angélico: la piedra de luna

Formular un deseo es como pedir un nuevo comienzo. Los deseos traen una energía nueva. Abren puertas que pensábamos que estaban selladas o cerradas y traen consigo el potencial de posibilidades desconocidas. Esta nueva energía da lugar a todo tipo de incógnitas en nuestra vida, lo que hace que la piedra de luna sea perfecta para insuflarle la energía del 1111.

La piedra de luna te ayudará a conectar más profundamente con los indicios y señales intuitivos que el arcángel Sandalfón traerá a tu vida. También te ayudará a confiar en que todo lo que está aconteciendo forma parte del proceso de manifestación de tu deseo en el plano físico. Para cargar tu piedra de luna y recodificarla con la frecuencia del 1111, necesitarás estas herramientas mágicas: una piedra de luna de bolsillo, un papel, un bolígrafo, un trozo de cinta adhesiva o una goma elástica, una vela blanca o de color azul celeste para fomentar la concentración y la comunicación, y una imagen que represente tu deseo actual. Esta imagen podría ser una copia impresa de tu página de Pinterest, una serie de imágenes pegadas en un panel de inspiración o una sola foto. Una vez que hayas reunido todas tus herramientas mágicas, deberás consultar un calendario en el que se indiquen las fases lunares. Para esta activación, debes elegir una fase de la luna que te parezca adecuada. Tendrás que confiar en tu instinto a este respecto; esta confianza forma parte de la honestidad que exige la frecuencia del 1111.

Una vez que hayas elegido en qué fase lunar vas a activar tu piedra de luna, es hora de preparar las herramientas mágicas y el altar dedicado a Sandalfón para el ritual. En el centro del papel, escribe tu deseo con el mayor detalle posible. Puedes comenzar con estas palabras: «1111 y arcángel Sandalfón, estoy pidiendo este deseo: _____ _____» (rellena el espacio en blanco con el deseo). Ahora, dibuja un gran corazón alrededor del deseo, y después escribe tantos 1111 como puedas alrededor del corazón. Asegúrate de escribir al menos once en el papel o alrededor del corazón. Ahora, pon la imagen de tu deseo en el centro y la piedra de luna encima. Dobla el papel alrededor de la piedra de luna, haciendo así un pequeño paquete. Para evitar que el papel se abra, usa el trozo de cinta adhesiva o rodéalo con la goma elástica (tú eliges).

A continuación, pon este paquetito en el altar dedicado a Sandalfón, junto con la vela. Si sientes que debes incorporar otros elementos al altar antes de comenzar a cargar el cristal, adelante; este es tu espacio sagrado y puedes configurarlo como quieras. Es importante que no empieces el ritual hasta que el sol se haya puesto y la luna haya salido; alternativamente, puedes ejecutarlo muy temprano por la mañana, mientras la luna aún esté alta en el cielo, antes del amanecer.

Ahora tienes la luna, el altar y la piedra de luna envuelta y preparada. Enciende la vela. Siéntate y pon la mano sobre tu corazón. Haz respiraciones suaves, lentas y profundas mientras observas cómo baila la llama. Cuando te sientas bien asentado y plenamente presente en el momento, di estas palabras:

Bajo el poder de la luna, pongo aquí mi piedra para cargarla de energía y para que escuche mi llamada.
El poder del 1 1 1 1 llena esta piedra, codifica sus capas y la hace fuerte.
Cuando esta vela chispee, sé que estará hecho.
Los deseos cumplidos y la nueva energía, desde las alas de los ángeles, la luna para mí.
Lo que está escrito y ha sido bendecido se hará realidad.

Ahora, deja que la vela siga ardiendo, mientras no haya peligro. Si existe algún riesgo, apágala soplando, pero haz todo lo que puedas por dejar que arda el mayor tiempo posible. Deja la piedra en el altar hasta que la fase lunar haya finalizado, lo cual suele ocurrir al cabo de dos días y medio. Luego, desenvuelve la piedra y comienza a llevarla contigo; hazlo hasta que tu deseo se haya cumplido. Puedes poner el papel y la foto sujetados con un imán en la parte exterior de la nevera o en tu panel de inspiración a modo de recordatorio, o incluso ponerlos en el frasco de deseos que tienes en el altar; no los retires hasta que el deseo se haya cumplido. Cuando el deseo se haya manifestado, convendrá que limpies tu piedra de luna; puedes hacerlo con un poco de salvia o palo santo, o bien poniéndola sobre un ladrillo de sal. Entonces quedará lista para que codifiques en ella tu próximo deseo.

Otros números asociados a la energía de Sandalfón

1110 Los deseos son ilimitados y no faltan. Cuando veas este número, considéralo un recordatorio de que nunca puedes pedir demasiados deseos. Nunca se puede pedir demasiado. Haz caso a tu corazón y lanza tus deseos al universo.

1112 Pide un deseo para tu cónyuge, tu pareja o tu compañero de negocios. Compartir tus deseos con tus seres queridos hará que tengas más energía y poder en relación con los deseos.

1113 Es hora de estimular la diversión con el poder de tus deseos. Piensa en algo divertido y emocionante a lo que puedas invitar a todos tus amigos, para que también lo disfruten. Este deseo está alojado en lo profundo de los latidos de tu corazón; deja que salga y suéltate el pelo.

1114 A veces es bueno pedir pequeños deseos, deseos simples y mundanos que solo significan algo para quien los formula. No todo en tu vida tiene que ser grandes gestos. A veces, algo pequeño y simple aporta la cantidad justa de magia que nos dibuja una sonrisa en la cara y nos impulsa a dar el próximo paso.

1115 Los deseos traen cambios con ellos. Te guste o no, los deseos que estás enviando tienen el cambio incorporado. Cuando veas este número, ten la certeza de que tienes el poder de pedir específicamente el cambio que quieres ver en tu vida, en tu día a día, en tu comunidad y en tu mundo.

1116 Tu corazón sabe qué es lo que quieres realmente. Sabe lo que anhelas y también lo que te hace falta. Si ves este número, deja que tu corazón pida algo que sabe que necesitas.

1117 Los deseos tienden a traer lecciones. No se presentan sin algo desconocido y sin algo que aprender. Esto significa que hay algo nuevo que debes saber imbuido en uno de tus deseos. Hoy, estate atento a nueva información, nuevas ideas y nuevas lecciones asociadas a un deseo cumplido.

1118 Uno de tus deseos está a punto de manifestarse en el mundo físico, lo que significa que debes prepararte para su llegada. Haz espacio para que aparezca; erradica cualquier duda de tu mente y cualquier temor que puedas albergar sobre todo lo desconocido que este deseo traerá consigo.

1119 Los deseos pueden implicar finales. Pueden provocar el final de un ciclo, el final de una fase o incluso el final de un viaje existencial. Algo en tu vida está llegando a su fin, y esto es justamente lo que deseaba tu corazón para que pudieras pasar a vivir unas circunstancias que te permitiesen expandirte y gozar de mayor alegría.

13

1212 - ARCÁNGEL ZADQUIEL
Usa la gratitud para expandirte
hacia la ascensión

La gratitud cambia nuestra energía y nos armoniza
con las frecuencias de la abundancia. Cuantas
más cosas valoramos, más nos manifestamos
desde un espacio de conciencia ascendida.

Significado profundo del 1212

El número angélico 1212 quiere que te conectes con el momento, con el espacio en el que estás de pie, sentado o recostado ahora mismo mientras lees esto. Aquí es donde acontece la magia, en el momento en el que estás. El arcángel Zadquiel quiere que te ancles al presente, que te detengas y lleves tu enfoque y tu atención a todo lo que hace que este momento, este segundo, sea todo lo que hay. ¿Qué tuvo que conspirar a tu favor para que este momento aconteciera? A menudo nos encontramos tan atrapados en nuestro pasado o tan inmersos en todo el potencial del futuro que olvidamos que el camino rápido hacia la expansión y la ascensión se halla en el aquí y ahora. El número angélico 1212 nos lo recuerda. Es la señal que necesitas para detenerte, mirar a tu alrededor, reconocer dónde estás y decir todo lo que valoras del momento presente. Mientras paseas la mirada por el entorno, di en voz alta qué es lo que puedes afirmar como digno de gratitud. Aprecia tu respiración, tu cuerpo, tu activo cerebro, la ropa que protege tu piel, la comida que proporciona el combustible que necesita tu estructura física, etc.

Zadquiel tiene que ver con el aquí y ahora, con lo que hay y con lo que tenemos, porque sabe que es el camino más rápido hacia lo que queremos, necesitamos y deseamos. También entiende que es posible que no asociemos la palabra *exaltación* con algo creativo y bueno, pero cualquier cosa que haga que nuestro corazón palpite, en la que nos impliquemos con todo nuestro ser y que aliente nuestro deseo de estar activos es tremendamente divina. En este contexto, la exaltación tiene la finalidad de encender nuestra chispa y hacer que nos entusiasmemos con nuestra propia vida. El número angélico 1212 quiere encender un fuego dentro de ti, que te levantes y te muevas. Quiere que pongas la marcha más alta, y que lo hagas donde estás y con lo que tienes a tu disposición en este momento. La promesa del futuro está a tu alrededor. El polvo del pasado debe ser barrido y desechado. Todo esto requiere movimiento, acción y exaltación. La mejor manera de entrar en la energía que el 1212 quiere que crees es comenzar a enumerar lo que está dentro de tu campo de visión. Di: «Agradezco...», y a continuación empieza a mencionar aquello que puedes ver. Cuanto más te adentres en la mención de elementos dignos de ser apreciados, más encontrarás a tu alrededor que puedas valorar.

Antes de que te des cuenta, habrás creado un vórtice de energía tan fuerte que notarás un cambio físico en tu cuerpo, y tu mente de repente estará buscando aún más cosas por las que mostrar gratitud. Encenderá partes de tu cerebro que tendrán la necesidad desesperada de encontrar más y más pensamientos y sentimientos de gratitud con los que conectarse. Así es como se genera impulso y se obtiene una *exaltación de gratitud*. Esta es la magia del 1212, y este es el regalo que el arcángel Zadquiel quiere traer a tu vida.

El ángel Zadquiel

Cuando conocí a Zadquiel, tenía la forma de un oso y se llamaba Zeke, que es como todavía lo llamo. Ese oso ofrecía orientación a una de mis amigas, quien, por cierto, no tenía ni idea de que su oso era un ángel; lo supo al cabo de mucho tiempo. Recuerdo que casi me partí de risa cuando por fin ató cabos. Zeke trabaja con mi amiga en forma de oso como sanador, actividad con la que no se suele asociar la energía de Zadquiel. Ahora bien, hay que decir que la gratitud tiene un componente sanador importante. Porque cuando estamos en la frecuencia de la gratitud, todo nuestro cuerpo radiante cambia, brilla e ilumina la habitación. Es decir, nuestra energía vital aumenta. El hecho de que Zadquiel, o Zeke, como lo llamamos en casa, pueda cambiar de forma y prefiera hacerlo muestra lo transformadora que puede ser la energía de la gratitud. Literalmente, transmuta y cambia la energía tanto en nosotros como a nuestro alrededor, lo que hace que de alguna manera el arte de la gratitud sea un superpoder que permite cambiar de forma.

Suele decirse de Zeke que es el «ángel de la libertad y la misericordia», dotado con la capacidad de bendecir a quienes piden la misericordia y el perdón de Dios. Esto es coherente con la capacidad que tiene de aliviar el sufrimiento. Curiosamente, las exaltaciones de gratitud tienen exactamente el mismo efecto; nos sacan de la energía del sufrimiento y nos elevan a la energía de la libertad, la fuerza y el poder. Cuando se rompen las pesadas cadenas del dolor, la duda y la tristeza, uno se siente más ligero y lleno de vida. Cuando en el campo del trabajo energético hablamos de *expansión*, nos estamos refiriendo a esto; es lo opuesto a la *contracción*. Las emociones, pensamientos y comportamientos más negativos tienen el efecto de contraer el aura y el cuerpo energético. Cuando llamamos a Zeke, él nos ayuda a «desenroscarnos» y a expandirnos poco a poco, con suavidad y amorosamente. Lo hace a través del poder del 1212 y el arte de la gratitud. Este es un remedio mágico para el cuerpo, la mente y el alma. Por lo tanto, sea cual sea la forma en que se te aparezca Zeke, ten la certeza de que está ahí para hacer que tus vibraciones cambien de forma. Te está «pasando la mopa» y está listo para darte un nuevo brillo, una chispa que tendrá su origen en tu interior. Este tratamiento es totalmente indoloro y no requiere fármacos. Todo lo que tienes que hacer es comenzar a nombrar las cosas por las que te sientes agradecido. Tal vez podrías empezar por el propio Zeke (es solo una idea).

Visualización/meditación de Zadquiel: sintoniza con las vibraciones de la gratitud

Esta meditación está diseñada para ayudarte a entrar en sintonía con la frecuencia de la gratitud. Cuanto más la hagas, más armonizado estarás con esta frecuencia vibratoria. La gratitud no es algo que practicar de vez en cuando; es un vórtice energético, una rueda giratoria de energía vibratoria en la que podemos vivir las veinticuatro horas de los siete días de la semana.

Asegúrate de realizar esta meditación en un lugar tranquilo y en el que no te vayan a molestar. Si sientes el impulso de hacerlo, puedes encender una vela púrpura para conectar tu tercer ojo y el chakra de la corona; déjala encendida durante toda la meditación, y acuérdate de apagarla cuando hayas terminado. Puedes grabar este guion y escucharlo para poder cerrar los ojos, o puedes mantener los ojos abiertos y leerlo. En cualquiera de los casos, conectarás con la energía y será beneficiosa para ti. Por lo tanto, haz lo que te resulte más cómodo.

Empecemos.

Ponte cómodo; encuentra una postura de yoga relajante o un asiento confortable y concéntrate en la respiración mientras inspiras por la nariz y exhalas el aire por la boca. Con cada respiración, deja que el cuerpo se relaje. Deja caer los hombros, sintiendo que la tensión se libera desde la parte posterior del cuello, y permite que una ola de re-lajación te bañe desde la parte superior de la cabeza hasta la punta de los dedos de los pies. Mientras vas inspirando y espirando, permitiendo que esta ola de energía relajan-te te inunde, tal vez querrás cerrar los ojos y sumergirte cada vez más en este espacio tranquilo y apacible. Mien-tras inspiras y espiras, sigue permitiendo que esta ola de relajación fluya sobre ti. Cuando te sientas lo más relaja-do posible, invoca la energía del arcángel Zadquiel. Pídele que se presente bajo la forma que elija. Permanece abier-to a sentir su presencia; deja que su energía entre en esta ola de energía relajada. Siente la energía que fluye desde la parte superior de la cabeza hasta la punta de los de-dos de los pies mientras Zadquiel le insufla amor, apoyo y orientación.

Mientras respiras y permites que el arcángel Zadquiel en-tre en tu campo energético, dale permiso para impregnar tu aura mientras llevas los dedos al tercer ojo (a la frente, entre los extremos interiores de las cejas). Con mucha suavidad, presiona este punto mientras pronuncias las si-guientes declaraciones intencionales:

Soy la frecuencia de la gratitud.

Presiona y respira.

Estoy rodeado por la frecuencia de la gratitud.

Presiona suavemente e inspira y espira, imprimiendo estas declaraciones intencionales en tu mente a través del tercer ojo.

La frecuencia de la gratitud fluye a través
de mí y a mi alrededor.
La frecuencia de la gratitud se mueve a través
de cada aspecto de mi vida.

Efectúa la impresión y respira.

Inspiro esta frecuencia de la gratitud
y espiro esta frecuencia.
Soy la frecuencia de la gratitud; lo soy.

Inspira, espira y estampa esto en tu mente a través del gesto de presión. Imprime esta energía de gratitud profundamente en tu conciencia.

Inspira, espira e imprime la energía del arcángel Zadquiel en tu mente, en tu vibración y profundamente en tu conciencia.

Respira.

Retira lentamente los dedos del tercer ojo, concediéndote un momento para permanecer en esta energía hermosa y relajada mientras sientes que la frecuencia de la gratitud, esta nueva energía angélica, pasa a formar parte de tu aura y de tu ser vibratorio. Mientras sigues inspirando y espirando esta frecuencia vibratoria en tu cuerpo, dale las gracias al arcángel Zadquiel por estar contigo hoy. Ten la absoluta certeza, mientras vuelves a llevar la atención a

la habitación y a tu cuerpo, de que esta energía está ahora impresa en tu mente, tu cuerpo, tu aura y tu campo vibratorio. Todos los lugares a los que vayas y todo lo que
hagas será impregnado por la frecuencia de la gratitud y la
energía de los arcángeles.

Tómate un momento para volver a estar plenamente
consciente, totalmente presente y completamente atento. Tómate tu tiempo para ir abriendo los ojos poco a
poco y para prepararte para el resto del día o para el sueño nocturno.

Cómo preparar un altar para el 1212 y el arcángel Zadquiel y cómo trabajar con él

La gratitud es una de esas cosas que suceden en el momento. Es una energía indisociable del aquí y ahora y tu
altar debe representar esta característica. Aunque es similar al agradecimiento y a las bendiciones, la gratitud es
más una energía de respeto, reconocimiento y valoración.
Cuando queremos expresar nuestro respeto y reconocimiento hacia algo, lo valoramos y lo agradecemos. Entonces, ¿qué es lo que quieres agradecer con el arcángel Zadquiel? Puede ser una persona que haya en tu vida, un lugar
que te haga sentir vivo, un trabajo que te encante... Reúne
algunos artículos que representen aquello que te inspira
respeto y reconocimiento; tal vez incluso querrás crear
un panel de inspiración para representarlo. Cuando hayas
acabado de configurarlo, ponlo en el altar. Otros elementos que necesitarás para tu altar son una imagen de Zadquiel (puede ser la que muestre una carta sacada de una

baraja oracular), una vela rosa para el chakra del corazón, el 1212 escrito en un papel rosa, un poco de sal para que brinde protección, una pizca de tierra para anclar tu oración, algunas plumas para representar a los ángeles y cualquier otra cosa que quieras que esté presente en el altar.

Será conveniente que redactes una oración o la declaración de una intención para Zadquiel y el 1212. Podrías escribir, por ejemplo: «Zadquiel, pongo estos artículos en el altar como una forma de agradecer lo que tengo en la vida. Valoro a esta persona, este lugar o esta cosa en este momento tal como son y por cómo me hacen sentir aquí y ahora. Gracias, Zadquiel, por ofrecerme este espacio sagrado en el que mostrar mi respeto y reconocimiento a lo que tengo justo frente a mí».

Una vez que hayas elaborado el altar, te recomiendo que lo limpies un momento con el humo de un atado de hierbas o con un aerosol limpiador hecho con aceites esenciales. Esta limpieza forma parte de la magia del altar y establece el carácter del ritual de gratitud. Cuando el altar esté a punto, respira hondo un par de veces, enciende la vela y formula la declaración de tu intención en voz alta, empezando con estas palabras: «Invoco al arcángel Zadquiel y el poder del 1212 para que escuchen mi intención y me ayuden a hacerla realidad de la manera más bendecida. Que esta intención sea para mi mayor bien y para el bien de todos los que puedan tener que ver con que se haga realidad». Acto seguido, lee la declaración-oración que contiene tu intención: «Mi intención/oración es...».

Para finalizar el ritual, puedes apagar la vela o dejarla encendida, si no hay peligro. Si eliges apagarla, di estas palabras antes: «Mientras apago esta vela, confío en que su humo lleve mi intención hasta el cielo para que el universo la manifieste. Estoy lista (o listo) para recibir lo que he pedido. Que así sea». A continuación, apaga la vela, soplando.

Actividad de escritura automática

Ahora que has tenido tiempo de conectarte con el arcángel Zadquiel a lo largo de este capítulo a través del trabajo con la meditación y la oración, tal vez adviertas que estás comenzando a ver indicios de la energía de Zeke a tu alrededor. Es posible que hayas notado como si alguien te tocara, oído susurros o incluso percibido pistas o avisos por parte de los ángeles. Los mensajes están llegando y esperando a que les hagas caso. Estos mensajes pueden llegar en forma de palabras sueltas, oraciones o incluso un conocimiento interior. Para aprovechar esta conexión que estás estableciendo con el arcángel Zadquiel, agarra tu cuaderno para realizar una actividad de escritura automática. Pon este título en una página: «Charlas con Zadquiel y la energía vibratoria conocida como 1212». Si estás acostumbrado a llevar un diario, empieza a escribir, ya que sabrás cómo recibir la información a medida que fluya desde el número 1212 y el arcángel Zadquiel. Si nunca has llevado un diario, puedes usar estas preguntas para iniciar el proceso:

1. Zadquiel, ¿cómo sabré que estás cerca?
2. ¿A qué debería empezar por dedicar mi exaltación de gratitud hoy?

3. ¿Por qué me ha costado, en el pasado, traer la energía de la gratitud a mi vida?

4. ¿Cómo puedo usar tu capacidad de cambiar de forma para transformar cualquier miedo y resistencia que tenga a la hora de valorar mi vida y todo lo que hay en ella?

5. ¿Cómo me ayudará hoy el hecho de sintonizar con la energía del 1212?

Es posible que estas preguntas te lleven a fluir con la escritura y que antes de que te des cuenta las hayas dejado atrás. Sumérgete en el proceso, confía en que Zadquiel está guiando tu mano y no intentes encontrarle lógica a nada que surja inicialmente.

Cristal angélico: el larimar

Este hermoso cristal azul, casi angelical, ayuda a abrir el chakra de la garganta mientras arrastra hacia arriba energía procedente del corazón. Se dice que induce una sensación de paz, calma, alegría y compasión cuando se sostiene o se lleva encima. Esto hace que sea una piedra perfecta con la que trabajar mientras aprendemos a verbalizar el amor que tenemos por nuestra propia vida y a expresar lo que valoramos para comulgar con la energía de la ascensión en este ámbito; por ello el larimar es el cristal ideal en el que insuflar la energía del 1212 y el arcángel Zadquiel.

Para codificar tu cristal con la frecuencia del 1212 e introducir la energía de Zadquiel en él, necesitarás estas herramientas mágicas: un bolígrafo; una pieza de larimar que puedas llevar en el bolsillo; imágenes de personas, animales o cosas que valores; un trozo de cinta adhesiva o una goma elástica, y una vela blanca (una vela de té cumplirá la función). También deberás tomar un calendario y averiguar cuándo estará en cuarto creciente la luna, ya que el cristal deberá codificarse cuando la luna esté en equilibrio, pero en la fase creciente. Esta energía equilibrada a la vez que en expansión forma parte de la energía de gratitud del 1212 que hay que incorporar al cristal.

Una vez que tengas todas tus herramientas mágicas y sepas cuándo será el próximo cuarto creciente, agarra el papel y el bolígrafo y dibuja un corazón que ocupe todo el papel. Dentro del corazón, escribe el número 1212; a continuación pon las imágenes encima, y el cristal en el centro. Ahora, haz que el papel envuelva las imágenes y el cristal, formando un paquetito; asegura este con la cinta adhesiva o la goma elástica. Llévalo a tu altar dedicado a Zadquiel o a cualquier otro que te atraiga y enciende la vela. Cuando la vela esté encendida, pon la mano sobre tu corazón y haz un par de respiraciones lentas y profundas, inspirando por la nariz y exhalando el aire por la boca. Sírvete del trabajo con la respiración para armonizarte y conectar el cuerpo y la mente con el momento. Cuando te sientas enfocado y centrado, llama al arcángel Zadquiel y pídele que use el poder de la luna en cuarto creciente para codificar la frecuencia del 1212 y de la gratitud en el cristal. Puedes usar una oración o una afirmación, o escribir la declaración de una intención si te sientes inclinado a hacerlo, pero no es necesario. Permanece dentro de la energía durante el tiempo que estimes conveniente, pero no menos de dos minutos. Si es posible, permite que la vela arda totalmente y deja el cristal en el altar durante cuarenta y ocho horas más. Posteriormente, desenvuélvelo y llévalo contigo en un bolsillo, en el sujetador o en tu bolso. Si pusiste la energía en un colgante o una pulsera, ahora puedes llevarlo a modo de recordatorio de que te conviene valorar todos y cada uno de los momentos del día a la vez que sabes que tienes la capacidad de cambiar de forma tu energía, tus pensamientos, tus sentimientos y tu vida.

Otros números asociados a la energía de Zadquiel

1210 Es hora de que aprecies la maravilla de todas las posibilidades desconocidas que hay en tu vida. Hay un potencial enorme sin explotar a tu alrededor en este momento. Verbalízalo para que se manifieste y deja que esto ocurra.

1211 Permítete alabarte a ti mismo hoy. Haz una lista de las cosas que has hecho bien esta semana, incluidas las grandes victorias, las pequeñas victorias y las áreas en las que has dado un paso adelante y has tomado la iniciativa con un acto de gratitud.

1213 Es hora de que le digas a algún amigo cuánto lo valoras, ya que hay alguien en tu vida que necesita saber lo importante que es para ti y cuánto aprecias tenerlo en tu órbita.

1214 Es el momento de que crees una cuenta en la que «atrapar» el dinero. Úsala para guardar el cambio (el dinero que te devuelven cuando compras algo) y permite que sea una de las formas en que muestras tu agradecimiento por estar siempre rodeado de abundancia. Si ya tienes una cuenta de este tipo, date una palmada en la espalda por ser alguien tan increíble respecto a la energía de la manifestación.

1215 Los actos de gratitud provocan cambios. Mira a tu alrededor, ya que no solo te has cambiado a ti mismo, sino que también has cambiado la energía del mundo inmediato que te rodea.

1216 Tu familia necesita saber cuánto la valoras. Encuentra hoy una manera de mostrar aprecio y reconocimiento a tu familia, ya sea la biológica o la que tú has constituido, y deja que todos absorban las vibraciones de tu gratitud.

1217 Hoy, regocíjate por tus conocimientos y tu sabiduría. Sea como sea que los hayas adquirido, te han sido muy útiles. Permítete una exaltación de gratitud dedicada a tu cerebro, tus conocimientos y tus habilidades adquiridas.

1218 Independientemente de cuáles sean tus circunstancias, hay algo físico en tu vida que valoras profundamente. Puede ser algo pequeño o puede ser algo grande. Sea lo que sea, escríbele una canción de amor, dale un beso y permítete perderte en el aprecio que le profesas.

1219 Quedan muchas cosas dignas de gratitud cuando algo llega a su fin. Encuentra eso otro que valoras y aférrate a ello en lugar de dejar que tu mente se enganche a lo que está quedando atrás.

CONCLUSIÓN

A lo largo de este libro, te he presentado a trece arcángeles. Has hecho un viaje con ellos y los has invitado a tu vida..., pero no tienes que dejar de trabajar con ellos una vez que hayas guardado este libro. Tengo la esperanza de que establezcas un vínculo con uno de los ángeles con los que has trabajado por lo menos, y de que conserves uno de los altares que les has dedicado en tu casa y aprendas a llamar a ese ángel para que te apoye y oriente. Tanto si ese ángel o esos ángeles se convierten en tus nuevos compañeros de meditación con los que compartir tu esterilla como si te brindan un espacio seguro para orar, el caso es que desean ayudar. Quieren contribuir a tu alegría, tu felicidad, tu salud y tu bienestar. Quieren amarte, colmarte de milagros y bendecirte todos los días. Pero solo pueden hacer esto si se lo permites. Estas páginas no han sido solo una presentación; a través de ellas, los ángeles también te han invitado a pasar más tiempo con ellos y te han recordado que están contigo en todo momento y que no quieren otra cosa que estar a tu servicio. Antes de que dejes de lado este libro o vuelvas a colocarlo en la estantería correspondiente, asegúrate de haber dejado claro al ángel o a los ángeles de tu elección que los aceptas y que aceptas el ofrecimiento que te han hecho de aportar ayuda, bendiciones y energía vibratoria a tu vida.

Bien, querido lector, el tiempo que hemos pasado juntos ha llegado a su fin. Los ángeles y yo te damos las gracias por haber compartido este tiempo con nosotros, y queremos que sepas que siempre nos alegra conectar contigo. También nos encantaría verte en uno de nuestros eventos de canalización de ángeles en vivo. Solicita unirte a nuestro Quantum Wealth Collective for Luxe Goddess Entrepreneurs Group ('colectivo de riqueza cuántica para el grupo de emprendedores de lujo de la diosa') en Facebook, ya que nos encantaría mantener el contacto. Hasta entonces, ojalá camines con los ángeles y crees milagros a cada paso que des.

Que así sea.

Recibe muchas bendiciones.

AGRADECIMIENTOS

Se necesita todo un pueblo para poner un libro en el mercado, y este libro nunca habría visto la luz sin mi pequeño pueblo. Doy las gracias a todo el personal de Llewellyn por hacer que este libro haya llegado a ser lo que es hoy [la edición original, en inglés]; doy las gracias especialmente a Angela Wix por darme una oportunidad. Estoy enormemente agradecida a mi editora correctora, Laure, por su labor de tomar mis palabras originales y pulirlas hasta convertirlas en gemas brillantes. Y, lo más importante, gracias, queridos lectores, porque si no compraseis mis libros, no podría seguir escribiéndolos. También mando un sincero agradecimiento a mi esposa, que es mi mayor animadora y me apoya constantemente.

SOBRE LA AUTORA

Leeza Robertson es la autora de *Tarot Court Cards for Beginners* [Cartas de la corte del tarot para principiantes] y *Tarot Reversals for Beginners* [Reversiones del tarot para principiantes], y ha creado dos barajas de tarot: *Mermaid Tarot* [Tarot de las sirenas] y *Animal Totem Tarot* [Tarot de los animales totémicos]. Cuando no está enfrascada en un libro o manejando una baraja de cartas, está impartiendo su curso en línea con su socia empresarial, Pamela Chen. Juntas son las brujas jefas de la High Vibe Tarot Academy ('academia de tarot de alta vibración'), que puedes encontrar en https://magicschool.kartra.com/page/b8P68.